毎日つぶやく 英会話「1秒」レッスン

清 水 建 二

成美文庫

本書は成美文庫のために書き下ろされたものです。

はじめに

　ネイティブとのマンツーマンによる会話練習が、英会話上達の近道であることは言うまでもありません。ただ、いつもそんな恵まれた環境に置かれた人はそうはいないはずです。
　そこで本書で紹介するのが、ひとりでも確実に、そしてだれでもラクに英会話をマスターできる、**「つぶやき」による勉強法**です。

　例えば、通勤・通学の途中、目に映る車中や町の風景をつぶやいてみたり、そのときの自分の気持ちをつぶやいてみたりする。話す相手がいなくても、時間に余裕がなくても、お金がなくても、いつでもどこでも気軽にできる最も効果的な方法が「つぶやき勉強法」なのです。

　本書を手にしたら、早速つぶやき表現を確認し、日本語を見て瞬間的に英文が思い浮かぶようになるまで、**パターン練習**を繰り返してください。
　そしてここからが本当のトレーニングのスタートです。家・電車・町・会社・学校など、さまざまな場面で、本書

で学んだフレーズを実際につぶやいてみましょう。もちろん、ツイッターやブログを使って「つぶやく」のもよい練習になるはずです。**本で一度覚えた表現が、つぶやくことで記憶にしっかり定着**していくのです。

　ここで取り上げた「つぶやき表現」は、相手を前にして言えば、そのまま会話の中で使えるものばかりです。ひとりで地道にトレーニングを積んでいけば、いつの日か実際の会話で自然に英語を話している自分に気づき、英会話上達を実感されることでしょう。

　なお、扱った英文は一部例外はありますが、基本的には中学レベルのもので、英語の基礎を忘れてしまった人でも無理なく読み進めることができます。それでも英語に不安のある方は、「Step Up!」や「Part 2　ちょっと上級編」を後回しにするなど、レベルに合わせた使い方が可能です。
　本書の使い方や、つぶやき実践法については12〜17ページで詳しく説明していますので、そちらをぜひご覧ください。

　おかげさまで「英会話1秒レッスン」シリーズは発売以来、版を重ね、累計20万部を超えました。中学校の教科

はじめに

書で学んだ一見役に立ちそうにない英文も、ちょっと工夫を加えれば、**たったの1秒で「使える英語」に変身させることができる**、という基本コンセプトが多くの読者の方々に支持をいただいている要因だと私は考えています。

　シリーズ第5弾となる本書は、いつでもどこでもつぶやける表現の習得に特化していますが、基本的なコンセプトは今までと変わりません。
　同じ型の英文を、体にしみこませるように何度も何度も繰り返し練習するという、**この地味で地道な方法が、じつは英会話をマスターするための一番の近道**であることを私は確信しています。

清水建二

― CONTENTS ―

はじめに ……………………………………………………………… 3
本書の使い方 ……………………………………………………… 12
「つぶやき」実践法 ……………………………………………… 16

Part 1 必須表現編

1 体や心の状態をつぶやく
- 〜だなあ
- パターン練習❶ I'm so 〜（形容詞）. 〜だなあ ……………… 22
- パターン練習❷ I'm so 〜（過去分詞）. 〜だなあ …………… 24

2 人の性格・性質をつぶやく
- 彼女は〜だなあ
- パターン練習❶ She's so 〜. 彼女は〜だなあ ………………… 28
- パターン練習❷ Why is he so 〜? どうして彼はあんなに〜なんだろう … 30
- パターン練習❸ He's always 〜ing. 彼はいつも〜ばかり …… 32

3 曜日・時間やその日の状況をつぶやく
- （今日は）〜だ
- パターン練習❶ It's 〜. （今日は／今は）〜だ ……………… 36
- パターン練習❷ It was a 〜 day for me today.
  今日は〜な一日だったなあ …………………………………… 38

4 目の前のものについてつぶやく
- これ〜
- パターン練習❶ This is 〜. これ〜 …………………………… 42
- パターン練習❷ This ... is 〜. この…〜 ……………………… 42
- パターン練習❸ Is that 〜? あれ〜かな ……………………… 44
- パターン練習❹ Whose 〜 is this? これ誰の〜かな ………… 46
- パターン練習❺ Whose 〜 are these? これ誰の〜かな ……… 46

5 今行われていることをつぶやく
- 彼今〜してる …………………………………………………… 48

| パターン練習❶ | He's playing ~ now. 彼今~してる | 50 |
| パターン練習❷ | Who is ~ ing? ~しているのは誰かな | 52 |

6 あるものをつぶやく

あっちに~がある ... 54

パターン練習❶	There's a(n) ~ over there. あっちに~がある	56
パターン練習❷	There are many ~ . ~がたくさんいる（ある）	58
パターン練習❸	There's a(n) ~ today. 今日、~がある	60

7 場所についてつぶやく

~はどこかな ... 62

パターン練習❶	Where's the ~ ? ~はどこかな	64
パターン練習❷	Where can I find a(n) ~ ? ~はどこかな	66
パターン練習❸	On which floor is the ~ ? ~は何階かな	68

8 中身・内容に関する疑問をつぶやく

~は何かな ... 70

パターン練習❶	What's the ~ ? ~は何かな	72
パターン練習❷	What's in ~ ? ~には何が入っているのかな	74
パターン練習❸	What's on ~ ? ~には何があるかな	74
パターン練習❹	What is she ~ ing? 彼女は何を~しているのかな	76

9 日時に関する疑問をつぶやく

~はいつかな ... 78

パターン練習❶	When is ~ ? ~はいつかな	80
パターン練習❷	When is he ~ ing? 彼はいつ~するのかな	82
パターン練習❸	What time shall I ~ ? 何時に~しようかな	84

10 したいことをつぶやく

~したい ... 86

パターン練習❶	I want to ~ . ~したい	88
パターン練習❷	I'm in the mood for ~ ing today. 今日は~したい気分	90
パターン練習❸	I'm in the mood for ~ today. 今日は~にしたい気分	90
パターン練習❹	I'm dying for ~ . ~が欲しい！（~したい！）	92

11 未来のことをつぶやく
- 明日は〜かな ·· 94
- パターン練習❶ Will it be 〜 tomorrow?　明日は〜かな ·············· 96
- パターン練習❷ It's going to be a 〜．きっと〜になる ················ 98

12 これからすることをつぶやく
- 〜しよっと ·· 100
- パターン練習❶ I'll 〜．〜しよっと ······································ 102
- パターン練習❷ I'm thinking of 〜ing．〜しようかな ················ 104
- パターン練習❸ I'm going to 〜．〜するつもり ······················· 106

13 予想をつぶやく
- 彼女〜かも ·· 108
- パターン練習❶ She may be 〜．彼女〜かも ···························· 110
- パターン練習❷ He may be 〜ing．彼は〜しているかも ············· 112
- パターン練習❸ I may have 〜．〜したかも ···························· 114

14 確信をつぶやく
- 彼は〜に違いない ·· 116
- パターン練習❶ He must be 〜．彼は〜に違いない ···················· 118
- パターン練習❷ She must've 〜．彼女は〜だったに違いない ······ 120
- パターン練習❸ I'm sure he can 〜．彼ならきっと〜できる ······ 122

15 必要や義務をつぶやく
- 〜しなくちゃ ·· 124
- パターン練習❶ I must 〜．〜しなくちゃ ································ 126
- パターン練習❷ I have to 〜．〜しなくちゃ ···························· 128
- パターン練習❸ I needn't have 〜．〜することはなかった ········ 130

16 感動をつぶやく
- なんて〜なの ·· 132
- パターン練習❶ How 〜 ... is!　…はなんて〜なの ···················· 134
- パターン練習❷ What a(n) 〜 ... it is!　なんて〜な…なの ········ 136
- パターン練習❸ What 〜 ... these are!　なんて〜な…（たち） ······ 138

パターン練習❹ What ~ ... it is!　なんて~な…なの …… 138

Part 2　ちょっと上級編

17 すでにしたことをつぶやく
もう~しちゃった …… 142
パターン練習❶ I've already ~.　もう~しちゃった …… 144
パターン練習❷ I've never ~.　一度も~したことがない …… 146
パターン練習❸ She still hasn't ~.　彼女はいまだに~していない …… 148

18 決めたことをつぶやく
~することにした …… 150
パターン練習❶ I've decided to ~.　~することにした …… 152
パターン練習❷ I've decided not to ~.　~しないことにした …… 154
パターン練習❸ I'll never ~.　決して~しない …… 156

19 忘れたものをつぶやく
~を忘れちゃった …… 158
パターン練習❶ I've forgotten ~.　~を忘れちゃった …… 160
パターン練習❷ I forgot to ~.　~するのを忘れちゃった …… 162
パターン練習❸ I'll never forget ~ ing.
　　　　　　　~したことを決して忘れない …… 164

20 嫌なことをつぶやく
~するのは面倒 …… 166
パターン練習❶ It's a pain to ~.　~するのは面倒 …… 168
パターン練習❷ I'm sick and tired of ~.　~にはもううんざり …… 170
パターン練習❸ I don't want to ~.　~したくない …… 172

21 実現不可能な願望をつぶやく
~ならなあ …… 174
パターン練習❶ I wish I were a good ~.　~がうまかったらなあ …… 176
パターン練習❷ I wish I were good at ~.　~が得意だったらなあ …… 176

| パターン練習❸ I wish I could ～． ～できたらなあ …… 178
| パターン練習❹ I wish I had ～． ～があったらなあ …… 180

22 手段をつぶやく
どう～したらいいかな …… 182
| パターン練習❶ How can I ～? どう～したらいいかな …… 184
| パターン練習❷ How can I get to ～?
　　　　　　　～までどう行けばいいかな …… 186
| パターン練習❸ How did he ～? 彼はどうやって～したのかな …… 188

23 過去の習慣や状態をつぶやく
よく～したなあ …… 190
| パターン練習❶ I would often ～． よく～したなあ …… 192
| パターン練習❷ I used to ～． 昔は～だった …… 194
| パターン練習❸ There used to be ～． 昔は～があった …… 196

24 症状をつぶやく
～が痛い …… 198
| パターン練習❶ I have a pain in my ～． ～が痛い …… 200
| パターン練習❷ I have a ～． ～の症状がある …… 202
| パターン練習❸ I feel ～． （体が）～する、～だ …… 204

25 失望をつぶやく
～とは残念 …… 206
| パターン練習❶ It's a pity ～． ～とは残念 …… 208
| パターン練習❷ What a shame she didn't ～!
　　　　　　　彼女が～しなかったとはなんて残念 …… 210
| パターン練習❸ I'm disappointed ～． ～してがっかり …… 212

26 不安をつぶやく
～してしまいそう …… 214
| パターン練習❶ I'm afraid I'll ～． ～してしまいそう …… 216
| パターン練習❷ I'm afraid I've ～． ～しちゃったかな …… 218

27 感情の原因をつぶやく

〜とは悲しい 220
パターン練習❶ **I'm so sad 〜．** 〜とは悲しい 222
パターン練習❷ **I'm happy to be 〜．** 〜してよかった 224
パターン練習❸ **I'm glad he 〜．** 彼が〜してうれしい 226

28 後悔をつぶやく

〜しておけばなあ 228
パターン練習❶ **I wish I had 〜．** 〜しておけばなあ 230
パターン練習❷ **I should have 〜．** 〜しておけばよかった 232
パターン練習❸ **I shouldn't have 〜．** 〜しなければよかった 234

29 行動を促す言葉をつぶやく

もう〜する時間だ 236
パターン練習❶ **It's time to 〜．** もう〜する時間だ 238
パターン練習❷ **I'd better 〜．** 〜したほうがいいな 240
パターン練習❸ **I'd better not 〜．** 〜しないほうがいいな 240

30 強調表現でつぶやく

一体〜だろう 242
パターン練習❶ **疑問詞＋on earth 〜？** 一体〜だろう 244
パターン練習❷ **Whatever（など）〜？** 一体〜だろう 246
パターン練習❸ **I've never 〜 such a(n) ... ．** そんな…〜したことがない 248

31 ダメ出しをつぶやく

〜しろよ 250
パターン練習❶ **〜（動詞の原形）．** 〜しろよ 252
パターン練習❷ **Don't 〜．** 〜するなよ 254

●本書の使い方

1 まずは**つぶやき表現**を確認

24時間使える
31パターンを紹介

本書は大きく「必須表現編」と「ちょっと上級編」の2つのパートに分かれ、あわせて31の基本パターンを取り上げています。いつでもどこでも使え、思わず口にしてしまうような表現ばかりを集めました。

知っておきたい
文法事項をチェック!

英語を話すのに最低限必要な文法知識を簡潔にまとめました。この部分だけ最初から最後まで通して読めば、中学英語を一気に復習できます。

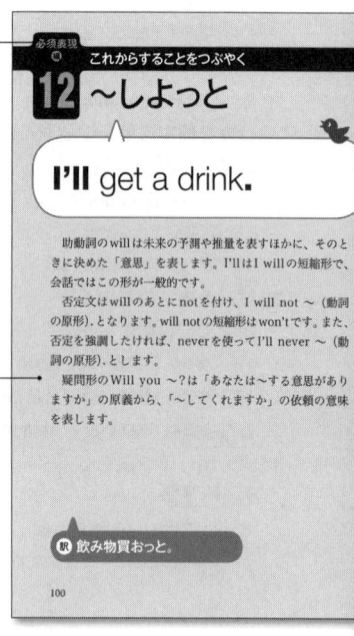

必須表現　これからすることをつぶやく

12 〜しよっと

I'll get a drink.

助動詞のwillは未来の予測や推量を表すほかに、そのときに決めた「意思」を表します。I'llはI willの短縮形で、会話ではこの形が一般的です。

否定文はwillのあとにnotを付け、I will not 〜（動詞の原形）、となります。will notの短縮形はwon'tです。また、否定を強調したければ、neverを使ってI'll never 〜（動詞の原形）、とします。

疑問形のWill you 〜?は「あなたは〜する意思がありますか」の原義から、「〜してくれますか」の依頼の意味を表します。

🐦 訳 飲み物買おっと。

本書の使い方

I'm thinking of going for a drive.

「〜しようかしまいか」迷っているときに使うのがI'm thinking of 〜ing.(〜しようかな)です。I'm thinking of 〜ingの代わりに、I'm thinking about 〜ingとすれば、迷っている感じがさらに強くなります。

必須表現編 これからすることをつぶやく

訳 ドライブに行こうかな。

基本パターンの応用・関連表現も

左ページの基本つぶやき表現に対し、右ページの「Step Up!」では、その応用表現もしくは関連表現を1本か2本取り上げています。ここを押さえれば、表現の幅がぐんと広がっていきます。

I'm going to marry him.

「〜するつもりだ」という予め決められた堅い意思を表すのが、I'm going to 〜(動詞の原形).です。その時の気分で決めた意思を表すwill 〜(〜しょっと、〜しようかな)とは区別して使ってください。

訳 彼と結婚するつもり。

日本語訳は
つぶやき調で

何かをつぶやこうとするときに英語がすぐ思い浮かぶよう、訳はすべてつぶやき調にしました。この訳をそのまま、英語とセットで覚えていくとあとで便利です。

2 「1秒」めざして**パターン練習**

基本パターンと「Step Up!」の文を徹底練習

31本の基本となる文と、その右側のページで取り上げた「Step Up!」の文について、パターン練習をしていきます。

「英語でどう表現するか」を確認

パターン練習に入る前に、日本語と英語を交互に見て、わからない表現や単語を確認しておきましょう。

パターン練習 ① I'll 〜.

朝食の準備をしよっと。

子どもたちを起こそっと。

洗濯しよっと。

床に掃除機をかけよっと。

ゴミを出そっと。

トイレを掃除しよっと。

洗濯物干そっと。

洗濯物取り込もっと。

買い物しよっと。

シャツにアイロンかけよっと。

102

本書の使い方

「1文1秒」を目標に
レッスン開始!

日本語を見て瞬時に英語が出てくるようになるまで、何度も練習しましょう。「左ページの日本語を見る→英文を思い浮かべる→右ページで確認」を繰り返します。

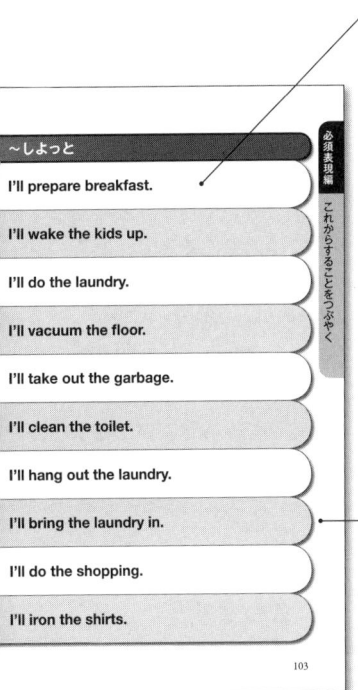

パターン練習終了後は
「つぶやきトレーニング」を

本書で習得した知識をより記憶に定着させ、実践に役立たせるために、覚えたフレーズを使って毎日英語でつぶやくようにします。

●「つぶやき」実践法

1日5分、「英語でつぶやく」習慣を

　本書を読んで「つぶやき表現」が言えるようになったら、それらを使って毎日英語でつぶやくようにしましょう。

　その効用は、学んだフレーズの記憶を定着させ、英語が瞬間反射的に出てくる力を養うだけではありません。例えば、「これ誰の歯ブラシかな」と言おうとして、「歯ブラシ」という単語がわからなければ、辞書を引いてみようという気になるはずです。つまり、英語でつぶやくことで、使える表現や語いがどんどん増えていくのです。

　とはいえ、四六時中英語でつぶやくのは苦痛でしょうし、現実的に不可能だと思いますから、「電車のこの区間は英語でつぶやく」とか、「お風呂に入っているときは英語でつぶやく」とか、時間を決めて挑戦してみるとよいでしょう。当面は、無理なく続けられるよう、「１日５分」を目標にするのがおすすめです。

レベルやスタイルに合わせて
本書を効果的に使う

　パターン練習を使って、「１文１秒」の速さで英語が思い浮かぶようになるのが本書のひとつの目標ですが、１冊すべてやり終えることにこだわる必要はありません。それよりも、覚えた表現をどんどんつぶやくことに力を注ぎま

しょう。
　たとえば、本書は「必須表現編」と「ちょっと上級編」の二部構成になっていますので、初級者であれば「必須表現編」だけまず終わらせるというのも有効な方法です。また、右ページの「Step Up!」(と、そのパターン練習)はすべて後回しにするというやり方も考えられます。
　もちろん、いっさいパターン練習はせずに、気に入った表現だけ頭に入れておき、それが使える場面でどんどんつぶやきたい、という方がいらっしゃれば、それでもOKです。
　学習のレベルや生活スタイルに合わせて自由に本書を活用し、毎日ひとつでも多くの英語をつぶやくことが実力アップにつながります。

Part 1
必須表現編

必須表現編 1

体や心の状態をつぶやく

〜だなあ

I'm so hungry.

　I'mはI amの短縮形で、会話ではI'mのほうが一般的です。amはis、areとともにbe動詞と呼ばれ、左右の語句を「＝（イコール）」で結び付ける働きをします。この文の場合には、amの右側に形容詞が来て、私（I）の現在の状態を説明しています。

　形容詞の直前に置くso（とても）はveryよりも意味が強く、感情を込めて表現したいときに使います。

　hungry（空腹だ）の部分にいろいろな形容詞をあてはめることで、自分の体調や気持ちを表現できます。もちろん、I'm a student.（私は学生です）のように、形容詞の代わりに名詞を置くこともできます。

訳 お腹空いたなあ。

I'm so surprised.

ここのsurprisedはhungryと同じように形容詞的な働きをしていますが、厳密に言うと本来は動詞の過去分詞です。このように、喜怒哀楽などの感情を表す動詞は過去分詞の形で形容詞として使うことができます。

また、何にびっくりしたかを伝えたいときはI'm so surprised <u>at</u> the news.(その知らせにはびっくりしたなあ)となります。次の表現もぜひ覚えておいてください。

I'm so disappointed at ～　～にはがっかりだなあ
I'm so shocked at ～　～にはショックだなあ
I'm so pleased with ～　～はうれしいなあ
I'm so excited about ～　～にはわくわくするなあ

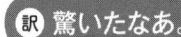
訳　驚いたなあ。

I'm so ~ (形容詞).

喉が渇いたなあ。

眠いなあ。

忙しいなあ。

緊張するなあ。

寂しいなあ。

うれしいなあ。

悲しいなあ。

腹立つなあ。

ついているなあ。

疲れたなあ。

～だなあ

必須表現編　体や心の状態をつぶやく

I'm so thirsty.

I'm so sleepy.

I'm so busy.

I'm so nervous.

I'm so lonely.

I'm so happy.

I'm so sad.

I'm so angry.

I'm so lucky.

I'm so tired.

パターン練習 ② I'm so ~ (過去分詞).

ショックだなあ。

もうくたくた。

退屈だなあ。

わくわくするなあ。

恥ずかしいなあ。

わけがわからないなあ。

がっかりだなあ。

うれしいなあ。

怖いなあ。

イライラするなあ。

〜だなあ

I'm so shocked.

I'm so exhausted.

I'm so bored.

I'm so excited.

I'm so embarrassed.

I'm so confused.

I'm so disappointed.

I'm so pleased.

I'm so scared.

I'm so frustrated.

必須表現編　体や、心の状態をつぶやく

必須表現編

2 人の性格・性質をつぶやく

彼女は〜だなあ

She's so energetic.

　She's 〜.（彼女は〜です）はShe is 〜.の短縮形で、会話ではこちらのほうが一般的です。「彼は〜です」ならHe's 〜.です。また、They're 〜.（彼らは〜です）のように、主語が複数の場合はisの代わりにareを使います。前項のI'm so 〜.（〜だなあ）と同様、be動詞isやareの右側に形容詞が来て、彼・彼女（He/She）や彼ら（They）の現在の状態を説明しています。

　なお、例文のenergetic（エナジェティック）は「エネルギッシュ」という意味ですが、日本語の「エネルギッシュ」は元々ドイツ語のenergischに由来する語です。

訳 彼女はエネルギッシュだなあ。

Why is he so restless?

He is restless.（彼は落ち着きがない）の疑問文は、be動詞のisを文頭に出し、最後に？（クエスチョン・マーク）を付け、Is he restless?（彼は落ち着きがないのか）とします。さらに、この疑問文の文頭に疑問詞Whyを置けば、「どうして彼は落ち着きがないのだろう」という非難の意味を込めてつぶやくことができます。

訳 **どうして彼はあんなに落ち着きがないんだろう。**

He's always complaining.

「be動詞（am, is, are）+～ing」を現在進行形と言い、「(今) ～している」ことを表すのが基本ですが、be動詞の直後にalways（いつも）を入れて「いつも～ばかりしている」という非難や不満を表現することができます。

訳 **彼はいつも文句ばかり（言っている）。**

パターン練習 1 She's so ~.

彼女は頭がいいなあ。

彼女はいい人だなあ。

彼女は美人だなあ。

彼女は思いやりがあるなあ。

彼女は陽気だなあ。

彼女は気前がいいなあ。

彼女は愉快だなあ。

彼女は頼りになるなあ。

彼女は人なつっこいなあ。

彼女は心が広いなあ。

彼女は〜だなあ

必須表現編 / 人の性格・性質をつぶやく

She's so smart.

She's so nice.

She's so beautiful.

She's so considerate.

She's so cheerful.

She's so generous.

She's so funny.

She's so dependable.

She's so friendly.

She's so broad-minded.

パターン練習 ② Why is he so ~?

どうして彼はあんなに意地悪なんだろう。

どうして彼はあんなに傲慢なんだろう。

どうして彼はあんなに頑固なんだろう。

どうして彼はあんなに愚かなんだろう。

どうして彼はあんなに残酷なんだろう。

どうして彼はあんなにケチなんだろう。

どうして彼はあんなに悲観的なんだろう。

どうして彼はあんなにわがままなんだろう。

どうして彼はあんなに無礼なんだろう。

どうして彼はあんなに神経質なんだろう。

どうして彼はあんなに~なんだろう

Why is he so mean?

Why is he so arrogant?

Why is he so stubborn?

Why is he so stupid?

Why is he so cruel?

Why is he so stingy?

Why is he so pessimistic?

Why is he so selfish?

Why is he so rude?

Why is he so nervous?

必須表現編 人の性格・性質をつぶやく

パターン練習 3 He's always ~ ing.

彼はいつも怒鳴ってばかり。

彼はいつも他人の悪口ばかり。

彼はいつも他人のあら探しばかり。

彼はいつも電車で漫画ばかり。

彼はいつも女性を追いかけてばかり。

彼はいつもテレビゲームばかり。

彼はいつも心変わりしてばかり。

彼はいつも私のことをからかってばかり。

彼はいつも愚かな質問ばかり。

彼はいつも学校に遅刻してばかり。

彼はいつも〜ばかり

He's always shouting.

He's always saying bad things about others.

He's always finding fault with others.

He's always reading comics on the train.

He's always chasing girls.

He's always playing video games.

He's always changing his mind.

He's always teasing me.

He's always asking silly questions.

He's always coming late to school.

必須表現編

3 （今日は）〜だ

曜日・時間やその日の状況をつぶやく

It's Friday at last.

It'sはIt isの短縮形です。ここでのitは「それ」という意味を表しません。時間・日にち・曜日・天気・様子・状況などを表すitです。

at last（やっと）の代わりにagainを入れれば「また〜か」の意味に。また、It'sの直後にalready（もう）やalmost（そろそろ）、still（まだ）などを入れることで、自分の気持ちを表現することができます。alreadyを文尾に置けば、「もう」の意味を強めることができます。

訳 やっと金曜日だ。

It was a long day for me today.

It'sの代わりに、過去形のwasを使ってIt was 〜.とすると、過去のことを表現できます。たとえば、It's my birthday today. は「今日は私の誕生日」ですが、It was my birthday yesterday.とすると、「昨日は私の誕生日だった」となります。

上のIt was a 〜（形容詞）day for me today.「今日は〜な一日だった」というパターンは、一日を終え、その日の感想を述べるときに使えるとても便利な表現です。その日の感想を相手に聞くなら、How was your day?（今日はどうだった？）と言います。

> 訳 今日は長い一日だったなあ。

パターン練習 ① It's ~．

やっと給料日だ。

やっと日曜日だ。

まだ水曜日か。

また月曜日か。

もう1時か。

そろそろ正午か。

そろそろ夜中の12時か。

2時ちょっと過ぎか。

まだ3時半か。

もうそんなに遅い時間か。

(今日は／今は) 〜だ

必須表現編 曜日・時間やその日の状況をつぶやく

It's payday at last.

It's Sunday at last.

It's still Wednesday.

It's Monday again.

It's already one o'clock.

It's almost noon.

It's almost twelve midnight.

It's a little after two.

It's still half past three.

It's that late already.

パターン練習 ② It was a ~ day for me today.

今日は忙しい一日だったなあ。

今日は良い一日だったなあ。

今日は大変な一日だったなあ。

今日は幸運な一日だったなあ。

今日はいやな一日だったなあ。

今日は単調な一日だったなあ。

今日は有意義な一日だったなあ。

今日は本当に楽しい一日だったなあ。

今日は疲れる一日だったなあ。

今日は退屈な一日だったなあ。

今日は〜な一日だったなあ

It was a busy day for me today.

It was a nice day for me today.

It was a tough day for me today.

It was a lucky day for me today.

It was a nasty day for me today.

It was a monotonous day for me today.

It was a significant day for me today.

It was a really enjoyable day for me today.

It was a tiring day for me today.

It was a dull day for me today.

必須表現編　曜日・時間やその日の状況をつぶやく

必須表現編

目の前のものについてつぶやく

4 これ〜

This is tasty.

　This isのあとに形容詞を続け、目の前にあるものがどんな状態にあるかを具体的に説明する非常に便利な表現です。もちろん、This is my phone number.（これは私の電話番号です）のように、形容詞の代わりに名詞を置くこともできます。また、thisはthis apple（このリンゴ）のように、名詞の前に置いて形容詞的に使うこともできます。

　なお、tastyという単語は風味があって「美味しい」という意味を表し、甘いものには使いません。美味しくなければisのあとにnotを続け、This isn't tasty. とします（isn'tはis notの短縮形）。同様に「美味しい」を表すdeliciousはvery tastyの意味で、風味のあるものや甘いものについても使うことができます。

訳 これ美味しい。

StepUp!
Is that Mt. Fuji?

離れたところにあるものや人について表現したいときには、That is 〜. (あれは〜だなあ) です。「あれは〜かな」と疑問文にするときは、Is that 〜? と is を文頭に出します。また、「あれは〜じゃないな」と否定文にしたいときは、That isn't 〜. です。

> 訳 あれ富士山かな。

StepUp!
Whose cell phone is this?

Whose 〜 is this? (これ誰の〜かな) は、目の前にあるものが誰のものであるのかを問う疑問文です。Whose is this cell phone? (このケータイは誰のかな) と言ってもかまいません。複数の名詞の場合は、Whose 〜 are these? です。

> 訳 これ誰のケータイかな。

パターン練習 1　This is ～ .

これとても美味しい。

これ酸っぱい。

これしょっぱい。

これ苦い。

これ甘い。

パターン練習 2　This ... is ～ .

この麺のスープ辛い。

このコーヒー濃い。

この紅茶薄い。

この肉柔らかい。

この炭酸気が抜けている。

これ〜

This is delicious.

This is sour.

This is salty.

This is bitter.

This is sweet.

この…〜

This noodle soup is spicy.

This coffee is strong.

This tea is weak.

This meat is tender.

This soda is stale.

パターン練習 3 Is that ～?

あれ琵琶湖かな。

あれ皇居かな。

あれ隅田川かな。

あれ東京スカイツリーかな。

あれ最高裁判所かな。

あれ水族館かな。

あれ遊園地かな。

あれゴルフ場かな。

あれ金星かな。

あれ UFO かな。

あれ～かな

必須表現編 / 目の前のものについてつぶやく

Is that Lake Biwa?

Is that the Imperial Palace?

Is that the Sumida River?

Is that the Tokyo Sky Tree?

Is that the Supreme Court?

Is that an aquarium?

Is that an amusement park?

Is that a golf course?

Is that Venus?

Is that a UFO?※

※「ユー・エフ・オー」と読む。

パターン練習 4　Whose ～ is this?

これ誰の車かな。

これ誰のカメラかな。

これ誰の傘かな。

これ誰のハンカチかな。

これ誰の消しゴムかな。

パターン練習 5　Whose ～ are these?

これ誰の靴かな。

これ誰の眼鏡かな。

これ誰の靴下かな。

これ誰のお箸かな。

これ誰の手袋かな。

これ誰の〜かな

Whose car is this?

Whose camera is this?

Whose umbrella is this?

Whose handkerchief is this?

Whose eraser is this?

これ誰の〜かな

Whose shoes are these?

Whose glasses are these?

Whose socks are these?

Whose chopsticks are these?

Whose gloves are these?

必須表現編　目の前のものについてつぶやく

必須表現編

今行われていることをつぶやく

5 彼今〜してる

He's play**ing** cards **now.**

今行われていること、今していることを表すのが現在進行形（be動詞［am, is, are］＋〜ing）の基本です。また、進行形を使って、例えばHe's teaching at this school.（彼はこの学校で教えています）のように、習慣的な行為を表すこともできます。現在進行形は主語が単数の時はis（Iの場合はam、youの場合はare）を、複数の時はareを使います。

訳 彼今トランプしてる。

Who is sing**ing** this song?

　Who is ～ ing?で「～しているのは誰かな」の意味を表します。疑問詞whoは主語になる言葉なので、Whoの直後には動詞が続いています。

　なお、動詞をing形に変化させるとき、次の4点に注意しましょう。

① live—living（住む）のように語尾がeで終わる動詞はeを取ってからing形に。
② cut—cutting（切る）のように子音で終わり、直前にアルファベット1文字の短母音の場合は、子音を重ねてing形に。
③ begin—beginning（始める）のように2音節の語で最後の子音の直前にアクセントが置かれる場合も子音を重ねてing形に。
④ visit—visiting（訪れる）のように直前にアクセントがないものは子音を重ねずにing形に。

> **訳** この歌を歌っているのは誰かな。

パターン練習 ① He's playing ～ now.

彼今ビーチで遊んでる。

彼今公園で遊んでる。

彼今庭で遊んでる。

彼今サッカーしてる。

彼今テレビゲームしてる。

彼今キャッチボールしてる。

彼今戦争ごっこしてる。

彼今ピアノを弾いてる。

彼今かくれんぼしてる。

彼今鬼ごっこしてる。

彼今~してる

He's playing on the beach now.

He's playing in the park now.

He's playing in the yard now.

He's playing soccer now.

He's playing video games now.

He's playing catch now.

He's playing war now.

He's playing the piano now.

He's playing hike-and-seek now.

He's playing tag now.

必須表現編　今行われていることをつぶやく

パターン練習 ② Who is ～ ing?

このコンピュータを使っているのは誰かな。

ステージで踊っているのは誰かな。

1コースを泳いでいるのは誰かな。

ベンチに座っているのは誰かな。

こんな大きな家に住んでいるのは誰かな。

こんな高級ホテルに泊まっているのは誰かな。

ピアノを弾いているのは誰かな。

この本を読んでいるのは誰かな。

このオーケストラを指揮しているのは誰かな。

パーティーに来るのは誰かな。

～しているのは誰かな

Who is using this computer?

Who is dancing on the stage?

Who is swimming in the first lane?

Who is sitting on the bench?

Who is living in such a big house?

Who is staying at such an expensive hotel?

Who is playing the piano?

Who is reading this book?

Who is directing this orchestra?

Who is coming to the party?

必須表現編　今行われていることをつぶやく

必須表現編

6 あるものをつぶやく

あっちに〜がある

There's a bank over there.

　There'sはThere isの短縮形です。あるひとつのものやひとりの人を取り上げて、「〜がある」とか「〜がいる」と言う、漠然とした存在を表す表現です。過去の場合はisがwasに、areがwereになります。

　over there（あそこに、あっちに）は、離れたところにあるものを示すときに使います。on the roof（屋根に）、under the table（テーブルの下に）、in the box（箱の中に）など、ここに場所を表すさまざまな語句を置くことができます。

訳 あっちに銀行がある。

StepUp!

There are many passengers on the bus.

漠然とした存在を表すthere isの構文で、複数の人がいたり、複数のものがあったりする場合は、there areを使います。「〜がたくさんいる（ある）」はThere are many 〜.です。There are some 〜.とすれば「何人かいる（いくつかある）」、There are few〜.なら「ほとんどいない（ない）」の意味になります。

> 訳 バスには乗客がたくさんいる。

StepUp!

There's a speech contest at school **today.**

There is 〜の構文は人や物があることだけでなく、行事や出来事などがある場合にも使うことができます。この場合、文尾に場所を表す副詞や時を表す副詞が入ります。

> 訳 今日、学校でスピーチコンテストがある。

パターン練習 ① There's a(n) ～ over there.

あっちにトイレがある。

あっちにバス停がある。

あっちにタクシー乗り場がある。

あっちにイタリアレストランがある。

あっちに喫茶店がある。

あっちにコンビニがある。

あっちにすし屋がある。

あっちに駐車場がある。

あっちにガソリンスタンドがある。

あっちに花屋がある。

あっちに~がある

There's a restroom over there.

There's a bus stop over there.

There's a taxi stand over there.

There's an Italian restaurant over there.

There's a coffee shop over there.

There's a convenience store over there.

There's a sushi bar over there.

There's a parking lot over there.

There's a gas station over there.

There's a flower shop over there.

パターン練習 ② There are many ～ .

通りに人がたくさんいる。

公園に犬がたくさんいる。

部屋に蚊がたくさんいる。

駅前に自転車がたくさんある。

駅の近くに銀行がたくさんある。

9月はイベントがたくさんある。

今日はすることがたくさんある。

5階にレストランがたくさんある。

この地区にはフランス料理店がたくさんある。

この地区には工場がたくさんある。

～がたくさんいる（ある）

There are many people on the street.

There are many dogs in the park.

There are many mosquitoes in the room.

There are many bikes in front of the station.

There are many banks near the station.

There are many events in September.

There are many things to do today.

There are many restaurants on the 5th floor.

There are many French restaurants in this area.

There are many factories in this area.

必須表現編 あるものをつぶやく

パターン練習 3 — There's a(n) ～ today.

今日、学校で防火訓練がある。

今日、土手で花火大会がある。

今日、重要な会議がある。

今日、公園でフリマがある。

今日、一青窈さんのコンサートがある。

今日、遠足がある。

今日、朝礼がある。

今日、数学の試験がある。

今日、おもしろいテレビ番組がある。

今日、巨人阪神戦がある。

今日、～がある

There's a fire drill in my school today.

There's a fireworks display on the bank today.

There's an important meeting today.

There's a flea market in the park today.

There's a concert of Hitoto Yo today.

There's a school excursion today.

There's a morning assembly today.

There's a math exam today.

There's an interesting TV program today.

There's a baseball game, Giants vs Tigers today.

必須表現編 7 場所についてつぶやく

～はどこかな

Where's the bus stop?

Where'sはWhere isの短縮形で、Where's the ～?は、ものや建物などがどこにあるかを表現するのに便利な文です。具体的な場所を思い描いている場合には、このようにaではなくtheを使います。もともと複数のものがあるという前提ならば、isの複数形のareを使って、Where are the ～?と言います。

また、Where is Jane now?（ジェーンは今どこにいるのかな）のように、Where is ～?は人の居場所を表現するときにも使えます。

訳 バス停はどこかな。

Where can I find a supermarket?

Where can I find 〜のあとに場所や施設・建物を表す語を続ければ、「〜はどこかな」の意味になります。また、デパートやスーパーなどで自分の探しているものを「〜」の中に入れてつぶやくこともできます。

訳 スーパーはどこかな。

On which floor is the men's wear section?

デパートやショッピングセンターなどで、自分が探しているものが何階にあるかをつぶやく表現です。この表現は、Which floor is men's wear? と簡略化してもOKです。

訳 男性服売り場は何階かな。

必須表現編　場所についてつぶやく

パターン練習 ① Where's the ~?

地下鉄の駅はどこかな。

入口はどこかな。

出口はどこかな。

駐車場はどこかな。

市役所はどこかな。

レジはどこかな。

トイレはどこかな。

タクシー乗り場はどこかな。

切符売り場はどこかな。

試着室はどこかな。

～はどこかな

必須表現編　場所についてつぶやく

Where's the subway station?

Where's the entrance?

Where's the exit?

Where's the parking lot?

Where's the city hall?

Where's the cashier?

Where's the restroom?

Where's the taxi stand?

Where's the ticket window?

Where's the fitting room?

パターン練習 ② Where can I find a(n) ~ ?

コンビニはどこかな。

喫茶店はどこかな。

映画館はどこかな。

美術館はどこかな。

本屋はどこかな。

商店街はどこかな。

ボーリング場はどこかな。

カジノはどこかな。

中華料理店はどこかな。

日本料理店はどこかな。

～はどこかな

Where can I find a convenience store?

Where can I find a café?

Where can I find a movie theater?

Where can I find an art museum?

Where can I find a bookshop?

Where can I find a shopping mall?

Where can I find a bowling alley?

Where can I find a casino?

Where can I find a Chinese restaurant?

Where can I find a Japanese restaurant?

必須表現編　場所についてつぶやく

パターン練習 3 — On which floor is the ～?

玩具売り場は何階かな。

食品売り場は何階かな。

レストランは何階かな。

家具売り場は何階かな。

文房具売り場は何階かな。

香水売り場は何階かな。

本屋は何階かな。

靴売り場は何階かな。

スーパーは何階かな。

女性服売り場は何階かな。

～は何階かな

On which floor is the toy section?

On which floor is the food section?

On which floor is the restaurant?

On which floor is the furniture section?

On which floor is the stationery section?

On which floor is the perfume section?

On which floor is the book shop?

On which floor is the shoe section?

On which floor is the supermarket?

On which floor is the women's wear section?

必須表現編　場所についてつぶやく

必須表現編

8 中身・内容に関する疑問をつぶやく

～は何かな

> **What's** today's special?

　What's ～?（～は何ですか）はWhat is ～?の短縮形で、～が何であるのかな、とつぶやく表現です。

　目の前に出されたものが何であるかをつぶやきたいときは、What's this?（これ何かな）です。また、What's his hometown?（彼の故郷はどこかな）やWhat's the taxi fare?（タクシーの運賃はどれくらいかな）のように、whatは「どこ」の意味でも、「どれくらい」の意味でも使うことができます。

　なお、today's special（今日のスペシャル）とはレストランのその日の特別料理のことです。似た表現に、today's soup（今日のスープ）やchef's recommendation（シェフのお薦め）などがあります。

訳 今日のスペシャルは何かな。

StepUp!

What's in the suitcase?

What's in ～?で、中に入っているものが何であるかをつぶやく表現です。上に載っているものや活動中の行為をつぶやく場合はWhat's on the agenda?（今日の議題は何かな）のように、What's on ～?を使います。

> 訳 スーツケースには何が入っているのかな。

必須表現編　中身・内容に関する疑問をつぶやく

StepUp!

What is she doing?

疑問詞whatのあとに現在進行形の疑問文の形を続けて(What is S ～ing?)、「Sは何を～しているのかな」とつぶやく表現です。

> 訳 彼女は何をしているのかな。

パターン練習 ① What's the ~?

次の駅はどこかな。

違いは何かな。

天気はどうかな。

彼が来た目的は何かな。

時差はどれくらいかな。

質問の答えは何かな。

この子猫の名前は何かな。

この単語の意味は何かな。

カナダの首都はどこかな。

中国の人口はどれくらいかな。

～は何かな

必須表現編 / 中身・内容に関する疑問をつぶやく

What's the next stop?

What's the difference?

What's the weather like?

What's the purpose of his visit?

What's the time difference?

What's the answer to the question?

What's the name of this kitten?

What's the meaning of this word?

What's the capital of Canada?

What's the population of China?

パターン練習 2　What's in ~?

箱の中には何が入っているのかな。

彼女のかばんには何が入っているのかな。

このジュースには何が入っているのかな。

この料理には何が入っているのかな。

彼のポケットには何が入っているのかな。

パターン練習 3　What's on ~?

5階には何があるかな。

彼は何を企んでいるのかな。

今夜はテレビで何をやっているのかな。

今日の特売品は何かな。

今夜のメニューは何かな。

必須表現編 中身・内容に関する疑問をつぶやく

～には何が入っているのかな

What's in the box?

What's in her bag?

What's in this juice?

What's in this dish?

What's in his pocket?

～には何があるかな

What's on the fifth floor?

What's on his mind?

What's on TV tonight?

What's on sale today?

What's on the menu tonight?

パターン練習 4 What is she ~ing?

彼女は何を探しているのかな。

彼女は何が言いたいのかな。

彼女は何をぶつぶつ言っているのかな。

彼女は何を聴いているのかな。

彼女は何のことを言っているのかな。

彼女は何を笑っているのかな。

彼女は何を考えているのかな。

彼女は何の文句を言っているのかな。

彼女は何を夢見ているのかな。

彼女は何を読んでいるのかな。

彼女は何を～しているのかな

What is she looking for?

What is she driving at?

What is she mumbling about?

What is she listening to?

What is she talking about?

What is she laughing at?

What is she thinking about?

What is she complaining about?

What is she dreaming about?

What is she reading?

必須表現編 中身・内容に関する疑問をつぶやく

必須表現編 9

日時に関する疑問をつぶやく

～はいつかな

When is the deadline?

「いつかな」という疑問は、When is ～?を使って表すことができます。～の部分に、いろいろなイベントを入れれば文が完成します。

なお、When is ～?に対して日にちを答える場合には、It's October 21.（10月21日）のように表現します。この場合、21はtwenty-oneではなく、twenty-firstと序数で読むことに注意しましょう。

訳 締め切りはいつかな。

StepUp!
When is he coming to Japan?

疑問詞whenの後に、現在進行形（am, is, are＋〜ing）の疑問形（be動詞＋S＋〜ing）が続くと、「いつ〜するかな」という未来の予定を問いかける意味になります。

この文は、未来を表す助動詞のwillを使って、When will he come to Japan?と言っても同じ意味を表します。

> 訳 彼はいつ日本へ来るのかな。

StepUp!
What time shall I check out?

What time shall I 〜（動詞の原形）？で「何時に〜しようかな」の意味です。助動詞のshallはshouldに置き換えてもOKです。また、単に、Shall I 〜（動詞の原形）？なら、「〜しましょうか」という提案の意味を表します。

> 訳 何時にチェックアウトしようかな。

パターン練習 ① When is ～?

一青窈さんの次のコンサートはいつかな。

次の夏のオリンピックはいつかな。

彼の都合のいい時間はいつかな。

彼女の就職の面接試験はいつかな。

彼女の手術はいつかな。

閉店時間はいつかな。

彼女の結婚式はいつかな。

京都を訪ねるのに一番いい時期はいつかな。

次の満月はいつかな。

次の大統領選はいつかな。

～はいつかな

必須表現編 / 日時に関する疑問をつぶやく

When is the next Hitoto Yo's concert?

When is the next summer Olympics?

When is his convenient time?

When is her job interview?

When is her surgery?

When is the closing time?

When is her wedding ceremony?

When is the best time to visit Kyoto?

When is the next full moon?

When is the next presidential election?

パターン練習 2 When is he ~ing?

彼はいつ日本を発つのかな。

彼はいつロスに発つのかな。

彼はいつ戻ってくるのかな。

彼はいつ結婚するのかな。

彼はいつ彼女と結婚するのかな。

彼はいつニューヨークに飛び立つのかな。

彼はいつアパートに引っ越すのかな。

彼はいつ姿を見せるのかな。

彼はいつ仕事を辞めるのかな。

彼はいつ新しい会社を興すのかな。

彼はいつ~するのかな

When is he leaving Japan?

When is he leaving for Los Angeles?

When is he coming back?

When is he getting married?

When is he marrying her?

When is he flying to New York?

When is he moving to an apartment?

When is he showing up?

When is he quitting his job?

When is he starting his new business?

必須表現編 日時に関する疑問をつぶやく

パターン練習 3 — What time shall I ~?

何時に会社を出ようかな。

何時に出勤しようかな。

何時に彼女を迎えに行こうかな。

何時にパーティー会場に行こうかな。

今夜何時に彼女に電話しようかな。

何時までに帰宅しようかな。

何時に彼の家に行こうかな。

明日何時に起きようかな。

何時に目覚ましをセットしようかな。

何時にチェックインしようかな。

何時に~しようかな

What time shall I leave the office?

What time shall I get to the office?

What time shall I pick her up?

What time shall I get to the party?

What time shall I call her tonight?

What time shall I be home by?

What time shall I visit his place?

What time shall I wake up tomorrow?

What time shall I set the alarm for?

What time shall I check in?

必須表現編 日時に関する疑問をつぶやく

必須表現編

したいことをつぶやく

10 ～したい

I want to drink beer.

　動詞wantは、例えば、赤ちゃんがミルクを欲しがったり、マラソンランナーが水分を求めたりするように、体が求めるような直接的な欲求を表します。例えば、I want a cold drink.なら「冷たいものが飲みたい」ですが、レストランで冷たいものを求めるなら、I'd like a cold drink.(冷たいものをお願いします)のように、wantではなくI'd like ～.を使います。

訳 ビールを飲みたい。

StepUp!

I'm in the mood for going out today.

I'm in the mood for ~ing で「~したい気分」という意味を表します。I'm in the mood to go out today. としてもOKです。「今日は外出したくない気分」なら、I'm not in the mood for going out today. です。

また、I'm in the mood for a beer.（ビールが一杯飲みたい気分）のように、forの後に名詞を続けて表現することもできます。

> 訳 今日は外出したい気分。

必須表現編 したいことをつぶやく

StepUp!

I'm dying for a beer.

dyingはdie（死ぬ）の現在分詞（~ing）ですが、「~を求めて」という意味の前置詞forと結びついて、「死ぬほど~が欲しい」というニュアンスになります。I want ~. よりも意味が強い表現です。

> 訳 ビール飲みたい!

パターン練習 ① I want to ～ .

今日は早退したい。

一人になりたい。

チョコアイスが食べたい。

彼と結婚したい。

今夜は早く寝たい。

ベッドに横になりたい。

何か冷たいものが飲みたい。

アパートで一人暮らしがしたい。

田舎に引っ越したい。

英語を上手に話したい。

～したい

I want to leave early today.

I want to be alone.

I want to eat chocolate ice cream.

I want to marry him.

I want to go to bed early tonight.

I want to lie down in bed.

I want to drink something cold.

I want to live in an apartment alone.

I want to move to the country.

I want to speak English well.

必須表現編 したいことをつぶやく

パターン練習 ② I'm in the mood for ~ ing today.

今日はカラオケをしたい気分。

今日は家にいたい気分。

今日は外食したい気分。

今日はドライブに行きたい気分。

今日は飲みに行きたい気分。

パターン練習 ③ I'm in the mood for ~ today.

今日は中華にしたい気分。

今日はイタリアンにしたい気分。

今日はドイツビールにしたい気分。

今日はフランスワインにしたい気分。

今日はクラシック音楽にしたい気分。

今日は〜したい気分

I'm in the mood for singing karaoke today.

I'm in the mood for staying home today.

I'm in the mood for eating out today.

I'm in the mood for going for a drive today.

I'm in the mood for going out for a drink today.

今日は〜にしたい気分

I'm in the mood for Chinese food today.

I'm in the mood for Italian food today.

I'm in the mood for German beer today.

I'm in the mood for French wine today.

I'm in the mood for classical music today.

パターン練習 ④ I'm dying for ~ .

冷たい飲み物が欲しい！

お金が欲しい！

休みが欲しい！

誰か話し相手が欲しい！

アドバイスが欲しい！

何か甘いものが欲しい！

彼氏が欲しい！

ちょっと一休みしたい！

シャワーを浴びたい！

おしっこがしたい！

～が欲しい！（～したい！）

I'm dying for a cold drink.

I'm dying for money.

I'm dying for a holiday.

I'm dying for someone to talk to.

I'm dying for some advice.

I'm dying for something sweet.

I'm dying for a boyfriend.

I'm dying for a break.

I'm dying for a shower.

I'm dying for a pee.

必須表現編

したいことをつぶやく

必須表現編

未来のことをつぶやく

11 明日は〜かな

Will it be rainy tomorrow?

　未来の予定や推量を表すのがwillの基本です。willは助動詞と呼ばれ、動詞の原形を引き連れて登場します。「雨が降っている (It is rainy.)」を「雨が降るでしょう」と未来の意味にしたいときには、isの部分をwill beに変えて、It will be rainy. とします。

　疑問文はwillを文頭に出し、最後にクエスチョン・マーク（?）を付けて作ります。「明日雨は降らないだろう」という否定文なら、It won't (will not) be rainy tomorrow. です。

訳 明日は雨かな。

StepUP!

It's going to be a nice day tomorrow.

必須表現編　未来のことをつぶやく

　willが単なる未来の予測を表すのに対して、be going to ～は確かな証拠や前兆に基づいた予測や、「きっとそうなってほしい」という気持ちが含まれます。例えば、It's going to rain.（雨が降りそう）なら、雨雲が上空にたれ込めて今にも雨が降り出しそうなときなど、確かな証拠や兆候に基づく推量を表します。また、「彼女は4月に出産予定です」なども、妊娠という事実に基づいた予定なので、She's going to have a baby in April. と言います。

　ここで、未来の意味を表す副詞を覚えておきましょう。

明後日 **the day after tomorrow**
来週 **next week**　来月 **next month**
来年 **next year**　来週の日曜日 **next Sunday**
今週の土曜日 **this Saturday**　1時間後 **in an hour**
10日後 **in ten days**　来週（先週）の今日 **this day week**
いつか **sometime / some day**

> 訳 きっと明日はいい日になる。

パターン練習 ① Will it be ~ tomorrow?

明日は雪かな。

明日は晴れかな。

明日は曇りかな。

明日は風が強いかな。

明日は暑いかな。

明日は蒸し暑いかな。

明日は暖かいかな。

明日は涼しいかな。

明日は寒いかな。

明日は肌寒いかな。

明日は〜かな

必須表現編 / 未来のことをつぶやく

Will it be snowy tomorrow?

Will it be sunny tomorrow?

Will it be cloudy tomorrow?

Will it be windy tomorrow?

Will it be hot tomorrow?

Will it be muggy tomorrow?

Will it be warm tomorrow?

Will it be cool tomorrow?

Will it be cold tomorrow?

Will it be chilly tomorrow?

パターン練習 2 It's going to be a ～ .

きっとすてきな夜になる。

きっと明日はホワイトクリスマスになる。

きっと大成功する。

きっと失敗する。

きっと接戦になる。

きっとめちゃくちゃになる。

きっと東京の新しい目印になる。

きっとベストセラーになる。

きっと歴史的な出来事になる。

きっと今夜はめちゃ楽しい。

きっと〜になる

It's going to be a wonderful night.

It's going to be a white Christmas tomorrow.

It's going to be a great success.

It's going to be a failure.

It's going to be a close※ game.

It's going to be a mess.

It's going to be a new landmark in Tokyo.

It's going to be a bestseller.

It's going to be a historical event.

It's going to be a lot of fun tonight.

※「クロウス」と読む。

必須表現編 これからすることをつぶやく

12 〜しよっと

I'll get a drink.

助動詞のwillは未来の予測や推量を表すほかに、そのときに決めた「意思」を表します。I'llはI willの短縮形で、会話ではこの形が一般的です。

否定文はwillのあとにnotを付け、I will not 〜（動詞の原形）. となります。will notの短縮形はwon'tです。また、否定を強調したければ、neverを使ってI'll never 〜（動詞の原形）. とします。

疑問形のWill you 〜?は「あなたは〜する意思がありますか」の原義から、「〜してくれますか」の依頼の意味を表します。

訳 飲み物買おっと。

I'm thinking of going for a drive.

「〜しようかしまいか」迷っているときに使うのがI'm thinking of 〜ing.(〜しようかな)です。I'm thinking of 〜ingの代わりに、I'm thinking about 〜ingとすれば、迷っている感じがさらに強くなります。

> 訳 ドライブに行こうかな。

I'm going to marry him.

「〜するつもりだ」という予め決められた堅い意思を表すのが、I'm going to 〜(動詞の原形).です。その時の気分で決めた意思を表すwill 〜(〜しよっと、〜しようかな)とは区別して使ってください。

> 訳 彼と結婚するつもり。

パターン練習 ① I'll 〜.

朝食の準備をしよっと。

子どもたちを起こそっと。

洗濯しよっと。

床に掃除機をかけよっと。

ゴミを出そっと。

トイレを掃除しよっと。

洗濯物干そっと。

洗濯物取り込もっと。

買い物しよっと。

シャツにアイロンかけよっと。

～しよっと

必須表現編 / これからすることをつぶやく

I'll prepare breakfast.

I'll wake the kids up.

I'll do the laundry.

I'll vacuum the floor.

I'll take out the garbage.

I'll clean the toilet.

I'll hang out the laundry.

I'll bring the laundry in.

I'll do the shopping.

I'll iron the shirts.

パターン練習 ② I'm thinking of ~ing.

アパートに引っ越そうかな。

ビルと別れようかな。

留学しようかな。

家を改築しようかな。

東京マラソンに出ようかな。

世界旅行をしようかな。

新しい事業を始めようかな。

東京にレストランを開こうかな。

選挙に立候補しようかな。

仕事を辞めようかな。

～しようかな

I'm thinking of moving to an apartment.

I'm thinking of breaking up with Bill.

I'm thinking of studying abroad.

I'm thinking of remodeling my house.

I'm thinking of participating in Tokyo Marathon.

I'm thinking of traveling around the world.

I'm thinking of starting a new business.

I'm thinking of opening a restaurant in Tokyo.

I'm thinking of running for the election.

I'm thinking of quitting my job.

パターン練習 3 I'm going to ~ .

イタリアで音楽を勉強するつもり。

来週、アパートを出るつもり。

大人になったら弁護士になるつもり。

ガソリンスタンドでバイトするつもり。

今日は家にいるつもり。

ルーシーに結婚を申し込むつもり。

ジェーンをデートに誘うつもり。

パーティーに客をたくさん呼ぶつもり。

来年、ジョージと結婚するつもり。

転職するつもり。

～するつもり

I'm going to study music in Italy.

I'm going to leave the apartment next week.

I'm going to be a lawyer when I grow up.

I'm going to work part-time at a gas station.

I'm going to stay home today.

I'm going to propose marriage to Lucy.

I'm going to ask Jane out.

I'm going to invite many guests to the party.

I'm going to marry George next year.

I'm going to change jobs.

必須表現編　これからすることをつぶやく

必須表現編

予想をつぶやく

13 彼女〜かも

She may be pregnant.

　助動詞mayには、「〜してもよい」という許可を表す用法と、「推量」を表す用法があります。予想や推量を表す助動詞mayの実現の確率は約50%です。mayの形式上の過去形であるmightだと、実現の可能性は50%以下になります。

　なお、副詞maybe（たぶん）を使って、Maybe she is pregnant. と言っても同じ意味を表します。

訳 彼女妊娠してるかも。

StepUp!

He may be waiting for me.

助動詞mayと進行形をつなげた形がS may be 〜ing.（Sは〜しているかも）です。副詞maybe（たぶん）を使って、Maybe he is waiting for me.としても同じ意味を表します。

> 訳 彼は私を待っているかも。

StepUp!

I may have caught a cold.

助動詞mayには過去の意味がないので、「〜だったかもしれない」の意味を表すときはmay have＋過去分詞を使います。might have＋過去分詞のほうが「もしかしたら」の意味が強く、実現の可能性が低いことを表します。

> 訳 風邪を引いてしまったかも。

パターン練習 ① She may be ~ .

彼女会議に遅れるかも。

彼女根はいい人かも。

彼女もう学校にいるかも。

彼女家に戻っているかも。

彼女有能な秘書かも。

彼女有名な画家かも。

彼女病気で寝ているかも。

彼女プロのモデルかも。

彼女私のことが好きなのかも。

彼女その知らせにびっくりするかも。

彼女〜かも

She may be late for the meeting.

She may be a good person at heart.

She may be already at school.

She may be back home.

She may be an efficient secretary.

She may be a famous painter.

She may be sick in bed.

She may be a professional model.

She may be fond of me.

She may be surprised at the news.

パターン練習 ② He may be ~ing.

彼は庭で車を洗っているかも。

彼は居間でテレビを見ているかも。

彼は書斎で勉強しているかも。

彼はこっちに向かっているかも。

彼は残業しているかも。

彼は学食で昼食を食べているかも。

彼はジムでトレーニングしているかも。

彼は公園を散歩しているかも。

彼は私にウソをついているかも。

彼は私に本当のことを言っているかも。

彼は〜しているかも

He may be washing the car in the yard.

He may be watching TV in the living room.

He may be studying in his library.

He may be heading here.

He may be working overtime.

He may be having lunch in the cafeteria.

He may be working out in the gym.

He may be taking a walk in the park.

He may be lying to me.

He may be telling me the truth.

必須表現編　予想をつぶやく

パターン練習 3 I may have ～ .

違う列車に乗ってしまったかも。

彼女に以前、どこかで会ったかも。

ドアにカギをかけ忘れたかも。

脚の骨を折ったかも。

この映画を以前観たことがあるかも。

この小説を以前読んだことがあるかも。

以前ここに来たことあるかも。

彼女を傷つけてしまったかも。

試験に落ちたかも。

ハンカチを落としたかも。

～したかも

I may have taken the wrong train.

I may have met her somewhere before.

I may have forgotten to lock the door.

I may have broken my leg.

I may have seen this movie before.

I may have read this novel before.

I may have been here before.

I may have hurt her.

I may have failed the test.

I may have dropped my handkerchief.

必須表現編 予想をつぶやく

必須表現編

14 確信をつぶやく

彼は〜に違いない

He must be sick.

　助動詞mustは「〜しなければならない」という義務や強制の意味のほかに、「〜に違いない」という断定や確信を表します。この意味で使われるときは、直後にbeが続くことが多いですが、He must know the truth.（彼は真実を知っているに違いない）のように、一般動詞が続くこともあります。

訳 彼は具合が悪いに違いない。

She must've been late for the meeting.

must've は must have の短縮形です。 must には過去の意味がないので、must have +過去分詞の形で「~だったに違いない」という意味を表します。

> 訳 彼女は会議に遅刻したに違いない。

I'm sure he can do it.

I'm sure ~. (きっと~) は主観的な判断に基づく確信を表すのが基本ですが、単なる希望的観測を述べるときにも使います。100%の確信を表したいなら、I'm positive ~. です。

> 訳 彼ならきっとできる。

パターン練習 ① He must be ~ .

彼は語学の天才に違いない。

彼は有能な人間に違いない。

彼は人格者に違いない。

彼はそのニュースに驚いているに違いない。

彼はその知らせを聞いてホッとしているに違いない。

彼は飛行機での長旅のあとで疲れているに違いない。

彼はいい家柄の出身に違いない。

彼は大阪の出身に違いない。

彼は女性に人気があるに違いない。

彼は大企業の社長に違いない。

彼は~に違いない

必須表現編 / 確信をつぶやく

He must be a genius of language.

He must be an able man.

He must be a man of character.

He must be surprised at the news.

He must be relieved to hear the news.

He must be tired after the long flight.

He must be of a good family.

He must be from Osaka.

He must be popular with women.

He must be the president of a big company.

パターン練習 ② She must've ～.

彼女はそのニュースに驚いたに違いない。

彼女はいつもの電車に乗り遅れたに違いない。

彼女は迷子になったに違いない。

彼女は一生懸命勉強したに違いない。

彼女は約束を忘れていたに違いない。

彼女はそのことを知っていたに違いない。

彼女は酔っていたに違いない。

彼女は買い物に行ったに違いない。

彼女はアメリカに住んだことがあるに違いない。

彼女は中国に行ったことがあるに違いない。

彼女は〜だったに違いない

必須表現編 / 確信をつぶやく

She must've been surprised at the news.

She must've missed her usual train.

She must've lost her way.

She must've studied hard.

She must've forgotten the promise.

She must've known it.

She must've been drunk.

She must've gone shopping.

She must've lived in America.

She must've been to China.

パターン練習 ③ I'm sure he can ~ .

彼ならきっと彼女を幸せにできる。

彼ならきっと変われる。

彼ならきっとうまくいく。

彼ならきっと禁煙できる。

彼ならきっともっといい人が見つかる。

彼ならきっと新しい友だちがたくさんできる。

彼ならきっとこの逆境を乗り越えられる。

彼ならきっと就職できる。

彼ならきっと試験に合格できる。

彼ならきっといい点が取れる。

彼ならきっと〜できる

必須表現編 確信をつぶやく

I'm sure he can make her happy.

I'm sure he can change.

I'm sure he can make it.

I'm sure he can quit smoking.

I'm sure he can find someone better.

I'm sure he can make a lot of new friends.

I'm sure he can get over this adversity.

I'm sure he can get a job.

I'm sure he can pass the exam.

I'm sure he can get a good score.

必須表現編

15 ～しなくちゃ

必要や義務をつぶやく

I must go home early today.

「～しなければならない」ことを表す助動詞mustは話し手の主観的な判断を表し、have to（＋動詞の原形）は外的要因から生じる必要性を表すと言われますが、これは主にイギリス英語の特徴です。例えば、I have to lose weight.は医者から減量を勧められて「減量しなくては」の意味になりますが、アメリカ英語ではこのような区別はありません。

mustには過去形がないので、「～しなければならなかった」はhave toの過去形had toで表します。「～する必要はない」なら、I don't have to ～.です。

訳 今日は家に早く帰らなくちゃ。

StepUp!

I needn't have brought my passport.

実際にしてしまったことに対して、後悔や反省などの気持ちを込められる表現がI needn't have＋過去分詞.（〜する必要はなかった）です。

I didn't have to bring my passport.（パスポートを持ってくる必要はなかった）の文では、実際に持ってきたかどうかは問題にしていません。この2つの文の違いに注意しましょう。

> 訳 パスポートを持ってくることはなかった。

必須表現編　必要や義務をつぶやく

パターン練習 ① I must ~ .

減量しなくちゃ。

風邪を治さなくちゃ。

もっと野菜を食べなくちゃ。

毎日運動しなくちゃ。

もっとビタミンCを摂らなくちゃ。

夕食後に薬を飲まなくちゃ。

甘い物を食べるのは避けなくちゃ。

8時30分の電車に乗らなくちゃ。

次の駅で乗り換えなくちゃ。

顧客にお茶を出さなくちゃ。

～しなくちゃ

必須表現編 / 必要や義務をつぶやく

I must lose weight.

I must get rid of my cold.

I must eat more vegetables.

I must get exercise every day.

I must take more vitamin C.

I must take medicine after dinner.

I must avoid eating sweets.

I must take the 8:30 train.

I must change trains at the next stop.

I must serve tea for the clients.

パターン練習 ② I have to ~.

駅まで歩かなくちゃ。

次の電車を待たなくちゃ。

バスに間に合うように走らなくちゃ。

朝食を抜かなくちゃ。

乗り換えなくちゃ。

階段を走って上らなくちゃ。

今日は定期券を更新しなくちゃ。

満員電車で立っていなくちゃ。

途中で車にガソリンを入れなくちゃ。

駐車場を探さなくちゃ。

～しなくちゃ

必須表現編 / 必要や義務をつぶやく

- I have to walk to the station.
- I have to wait for the next train.
- I have to run to catch the bus.
- I have to skip breakfast.
- I have to change to another line.
- I have to run up the stairs.
- I have to renew my train pass today.
- I have to stand on the crowded train.
- I have to put gas in my car on the way.
- I have to find a parking space.

パターン練習 ③ I needn't have ～．

急ぐことはなかった。

何も持ってくることはなかった。

花に水をやることはなかった。

そんなに早く来ることはなかった。

心配することはなかった。

彼にチップをあげることはなかった。

わざわざそんなことをすることはなかった。

彼女に謝ることはなかった。

昼食を持ってくることはなかった。

そんなにたくさん食べ物を買うことはなかった。

～することはなかった

I needn't have hurried.

I needn't have brought anything.

I needn't have watered the flowers.

I needn't have come so early.

I needn't have worried.

I needn't have given him a tip.

I needn't have bothered to do it.

I needn't have apologized to her.

I needn't have brought lunch.

I needn't have bought so much food.

必須表現編 必要や義務をつぶやく

必須表現編　感動をつぶやく

16 なんて〜なの

How lucky I am!

　この文は、I am very lucky.（私はとてもラッキー）の感嘆文です。感嘆文は、very＋形容詞をhow＋形容詞に変え、それを文頭に出し、最後に「!」を付けて作ります。

　文脈が明らかな場合は、最後のI amを省略してもかまいません。

　なお、He swims very fast.（彼はとても速く泳ぐ）を感嘆文にすると、How fast he swims! となるように、形容詞と同様、副詞を感嘆文で使うこともできます。

訳 なんてラッキーなの。

StepUp!
What a small world it is!

これはIt is a very small world.（とても狭い世界だ）を感嘆文にしたものです。この文のように名詞を頭に持ってくる場合には、howではなくwhatを使います。具体的には、a very small worldをwhat a small worldに変えて文頭に出し、最後に「!」を付ければOKです。最後のit isは省略可です。

> 訳 なんて狭い世界なの。

StepUp!
What ugly dogs these are!

これはThese are very ugly dogs.（これらはとても不細工な犬だ）を感嘆文にしたものです。このように、複数形の名詞を修飾する場合には、Whatで始まる感嘆文でも、What a ～にならないことに注意してください。最後のthese areは省略可です。また、What clear water!（なんてきれいな水）のwaterのように数えられない名詞の場合も、同様にaを入れません。

> 訳 なんて不細工な犬たち。

パターン練習 ① How ~ ... is!

そのネコはなんて可愛いの。

その生徒はなんて頭がいいの。

その猿はなんて知能が高いの。

そのケーキはなんて美味しいの。

その時計はなんて正確なの。

空気がなんて爽やかなの。

その犬はなんておとなしいの。

その塔はなんて高いの。

その映画はなんて面白いの。

世界はなんて素晴らしいの。

…はなんて〜なの

How pretty the cat is!

How smart the student is!

How intelligent the monkey is!

How delicious the cake is!

How accurate the watch is!

How refreshing the air is!

How quiet the dog is!

How tall the tower is!

How exciting the movie is!

How amazing the world is!

パターン練習 ② What a(n) ~ ... it is!

なんてきついスケジュールなの。

なんて散らかった部屋なの。

なんて素敵な名前なの。

なんて奇抜な考えなの。

なんて忙しい日なの。

なんてつまらない映画なの。

なんてエキサイティングな夜なの。

なんてついてない日なの。

なんてかわいい犬なの。

なんておかしな顔なの。

なんて~な…なの

必須表現編 感動をつぶやく

What a tight schedule it is!

What a messy room it is!

What a lovely name it is!

What a novel idea it is!

What a busy day it is!

What a boring movie it is!

What an exciting night it is!

What an unlucky day it is!

What a pretty dog it is!

What a funny face it is!

パターン練習 3 What ～ ... these are!

なんて汚い靴。

なんて酸っぱいブドウ。

なんて美味しいケーキ。

なんて変わった動物たち。

なんてかわいいネコたち。

パターン練習 4 What ～ ... it is!

なんて重い荷物なの。

なんて豪華な家具なの。

なんて嫌な天気なの。

なんて素晴らしい景色なの。

なんてすがすがしい空気なの。

なんて~な…(たち)

What dirty shoes these are!

What sour grapes these are!

What delicious cakes these are!

What strange animals these are!

What pretty cats these are!

なんて~な…なの

What heavy baggage it is!

What gorgeous furniture it is!

What awful weather it is!

What beautiful scenery it is!

What refreshing air it is!

Part 2
ちょっと上級編

ちょっと上級編 17 すでにしたことをつぶやく

もう〜しちゃった

I've already eaten lunch.

　I've は I have の短縮形です。現在完了形の基本形は have ＋過去分詞で、たった今、動作が完了した状態を表します。already（もう）は文の最後に置くこともできますが、その場合、already が強調され、「もうとっくに」の意味になります。

　主語が She（彼女）や He（彼）の場合は、She's / He's ＋過去分詞です。She's / He's はそれぞれ、She has / He has の短縮形です。

　完了形の否定文は haven't ＋過去分詞で、最後に yet を付ければ「まだ〜していない」という意味を表します。

訳 もうお昼食べちゃった。

StepUp!
I've never climbed Mt. Fuji.

今までに一度も経験がないことを表す表現が、I've never＋動詞の過去分詞形です。何回か経験がある場合は、neverを取り、文の最後にonce（1回）、twice（2回）、three times（3回）などを入れます。

> 訳 一度も富士山に登ったことがない。

StepUp!
She still hasn't called me.

現在完了形の否定文は、have / hasの直後にnotを入れるだけです。She hasn't called me yet.は「彼女はまだ私に電話していない」ですが、She still hasn't called me.は「いまだに電話をしてこない」という話し手のいら立ちを表します。

> 訳 彼女はいまだに電話をくれない。

ちょっと上級編　すでにしたことをつぶやく

パターン練習 ① I've already 〜.

もう宿題やっちゃった。

もうその映画観ちゃった。

もうその本読んじゃった。

もうチェックアウトしちゃった。

もう買い物に行ってきちゃった。

もう会社を出ちゃった。

もう彼にそのこと話しちゃった。

もうその申し出を受け入れちゃった。

もうレポートを終えちゃった。

もう席の予約をしちゃった。

もう~しちゃった

I've already done my homework.

I've already seen that movie.

I've already read the book.

I've already checked out.

I've already gone shopping.

I've already left the office.

I've already told him about it.

I've already accepted the offer.

I've already finished my report.

I've already made a reservation for a table.

ちょっと上級編　すでにしたことをつぶやく

パターン練習 ② I've never ～ .

一度もニューヨークに行ったことがない。

一度も彼の家を訪れたことがない。

一度もメアリーと話したことがない。

一度もドリアンを食べたことがない。

一度も自動車事故を起こしたことがない。

一度も約束を破ったことがない。

一度もその映画を観たことがない。

一度も銃を使ったことがない。

一度も外国に行ったことがない。

一度も恋をしたことがない。

一度も~したことがない

I've never been to New York.

I've never visited his house.

I've never talked with Mary.

I've never eaten durians.

I've never had a car accident.

I've never broken my promise.

I've never seen that movie.

I've never used a gun.

I've never been abroad.

I've never been in love.

パターン練習 3　She still hasn't ～ .

彼女はいまだに帰ってこない。

彼女はいまだに結婚していない。

彼女はいまだに起きていない。

彼女はいまだに謝ってくれない

彼女はいまだに間違いを認めていない。

彼女はいまだにパーティーに現れない。

彼女はいまだに就職していない。

彼女はいまだに宿題をしていない。

彼女はいまだに運転免許の試験にパスしていない。

彼女はいまだに私を許してくれていない。

彼女はいまだに〜していない

She still hasn't come home.

She still hasn't gotten married.

She still hasn't gotten up.

She still hasn't apologized to me.

She still hasn't admitted her mistake.

She still hasn't come to the party.

She still hasn't gotten a job.

She still hasn't done her homework.

She still hasn't passed the driving test.

She still hasn't forgiven me.

ちょっと上級編

決めたことをつぶやく

18 ～することにした

I've decided to change jobs.

I've decided to ～（動詞の原形）．という構文で、「～することにした」と、自分の決心を表現することができます。

I've は I have の短縮形です。動詞 decide は目的語に to ＋動詞の原形（to 不定詞）の形を取り、動詞の原形以下が決心した内容を表します。

なお、いろいろなものの中からひとつを選んで決める表現は、I've decided on this tour.（このツアーに決めた）です。

訳 転職することにした。

StepUp!

I've decided not to go on a diet.

to ～（動詞の原形）の否定形は、toの前にnotを付け、not to ～（動詞の原形）とします。ですので、「～しないことにした」は、I've decided not to ～（動詞の原形）．と表します。

訳 ダイエットしないことにした。

StepUp!

I'll never say die.

I'llはI willの短縮形です。I'll never ～（動詞の原形）．は、「決して～しない」という強い否定の意思を表します。

訳 決して弱音は吐かない。

パターン練習 ① I've decided to ～.

新しいビジネスを始めることにした。

英語で日記を書くことにした。

仕事を探すことにした。

田舎に帰ることにした。

結婚することにした。

仕事を辞めることにした。

アパート暮らしすることにした。

禁煙することにした。

家を手放すことにした。

家族をハワイに連れて行くことにした。

~することにした

I've decided to start my new business.

I've decided to keep a diary in English.

I've decided to look for a job.

I've decided to go back to the country.

I've decided to get married.

I've decided to quit the job.

I've decided to live in the apartment.

I've decided to stop smoking.

I've decided to part with my house.

I've decided to take my family to Hawaii.

ちょっと上級編　決めたことをつぶやく

パターン練習 ② I've decided not to ~.

減量しないことにした。

二度と犬を飼わないことにした。

もうビールを飲まないことにした。

大学に行かないことにした。

他人の批判をしないことにした。

二度と学校に遅刻しないことにした。

留学しないことにした。

彼女と結婚しないことにした。

彼には謝らないことにした。

交通ルールを破らないことにした。

~しないことにした

I've decided not to lose weight.

I've decided not to have a dog again.

I've decided not to drink beer anymore.

I've decided not to go on to university.

I've decided not to criticize others.

I've decided not to be late for school again.

I've decided not to study abroad.

I've decided not to marry her.

I've decided not to apologize to him.

I've decided not to break traffic rules.

ちょっと上級編　決めたことをつぶやく

パターン練習 3 I'll never ~ .

決して偏見を持たない。

決してウソはつかない。

決して誰かの悪口を言わない。

決してお金は借りない。

決して間食しない。

決して妻の誕生日を忘れない。

決してそのことには触れない。

決してチェーンメールは転送しない。

決して約束は破らない。

決して衝動買いはしない。

決して〜しない

I'll never have any prejudices.

I'll never tell a lie.

I'll never say bad things about anyone.

I'll never borrow money.

I'll never eat between meals.

I'll never forget my wife's birthday.

I'll never mention it.

I'll never forward chain mail.

I'll never break my promise.

I'll never do impulse buying.

ちょっと上級編 決めたことをつぶやく

ちょっと上級編 19 忘れたものをつぶやく

～を忘れちゃった

I've forgotten my wallet.

　何かものを持ってくるのを忘れたり、人の名前を忘れたりしたときに使える便利な表現です。I've は I have の短縮形で、現在完了形の結果の意味を表します。現在完了形で表すことによって、「忘れた結果、今困っている」状態を表現しています。例えば、I've lost my passport.（パスポートなくしちゃった）なら、パスポートをなくして途方に暮れている状況を表しています。

　具体的な場所に置き忘れたときは、forget ではなく leave を使って、I've left my umbrella on the bus.（バスに傘を忘れちゃった）となります。

訳 財布を忘れちゃった。

Step Up!

I forgot to post the letter.

I forgot to ~ (動詞の原形). で「~するのを忘れちゃった」の意味です。動詞forgetはあとに to +動詞の原形 (to 不定詞) を伴って、「~するのを忘れる」の意味になります。

訳 手紙をポストに入れるのを忘れちゃった。

Step Up!

I'll never forget climbing Mt. Fuji.

I'll never forget ~ing. で「~したことを決して忘れない」の意味です。動詞forgetは、あとに ~ing (動名詞) を伴うときは「~したのを忘れる」の意味になります。

訳 富士山に登ったことを決して忘れない。

パターン練習 ① I've forgotten 〜.

傘を忘れちゃった。

判子を忘れちゃった。

デジカメを忘れちゃった。

名刺を忘れちゃった。

ケータイを忘れちゃった。

定期券を忘れちゃった。

パスワードを忘れちゃった。

暗証番号を忘れちゃった。

メルアドを忘れちゃった。

忘れ物しちゃった。

~を忘れちゃった

I've forgotten my umbrella.

I've forgotten my personal seal.

I've forgotten my digital camera.

I've forgotten my name card.

I've forgotten my cell phone.

I've forgotten my commuter pass.

I've forgotten my password.

I've forgotten my PIN number.

I've forgotten my email address.

I've forgotten something.

ちょっと上級編　忘れたものをつぶやく

パターン練習 ② I forgot to ~.

ドアにカギをかけるのを忘れちゃった。

電気を消すのを忘れちゃった。

弁当を持ってくるのを忘れちゃった。

砂糖を買うのを忘れちゃった。

宿題するのを忘れちゃった。

夕べ彼女に電話するのを忘れちゃった。

予約するのを忘れちゃった。

目覚ましをかけるのを忘れちゃった。

ゴミを出すのを忘れちゃった。

ファイルを添付するのを忘れちゃった。

～するのを忘れちゃった

I forgot to lock the door.

I forgot to turn off the light.

I forgot to bring my lunch box.

I forgot to buy some sugar.

I forgot to do my homework.

I forgot to call her last night.

I forgot to make a reservation.

I forgot to set the alarm clock.

I forgot to take out the garbage.

I forgot to attach the file.

ちょっと上級編 忘れたものをつぶやく

パターン練習 3 I'll never forget ~ ing.

ハワイに行ったことを決して忘れない。

オバマさんに会ったことを決して忘れない。

ミュージカルを観たことを決して忘れない。

このホテルに泊まったことを決して忘れない。

彼女と東京で暮らしたことを決して忘れない。

彼女とクリスマスを過ごしたことを決して忘れない。

彼と楽しい時間を過ごしたことを決して忘れない。

舞台でギターを弾いたことを決して忘れない。

彼と握手したことを決して忘れない。

マラソンに参加したことを決して忘れない。

～したことを決して忘れない

I'll never forget visiting Hawaii.

I'll never forget meeting Mr. Obama.

I'll never forget seeing the musical.

I'll never forget staying in this hotel.

I'll never forget living in Tokyo with her.

I'll never forget spending Christmas with her.

I'll never forget having a good time with him.

I'll never forget playing the guitar on the stage.

I'll never forget shaking hands with him.

I'll never forget participating in the marathon.

ちょっと上級編
20 嫌なことをつぶやく
〜するのは面倒

It's a pain to do the laundry.

　It'sはIt is の短縮形です。この場合のitはto do the laundry（洗濯すること）を指す、形式上の主語と考えてください。It's a pain（それって面倒なんだよね）と聞き手の注意を引きつけてから具体的に、その内容を述べるのが英語らしい表現です。

　a painのところには、It's <u>important</u> to study English every day.（毎日英語を勉強することは大切だ）というように、形容詞を入れることもできます。

　なお、the laundryは「洗濯物」とか「洗濯屋」の意味ですが、do the laundryで「洗濯する」という意味になります。

訳 洗濯するのは面倒。

StepUp!

I'm sick and tired of this job.

　sickは吐き気を催すほど、tiredは疲れるほど、というニュアンスですが、be sick of ～（～にはうんざり）とbe tired of ～（～にはうんざり）という同じ意味の表現を2つ並べることで、「うんざり感」をより強調した表現です。似たような表現に、I'm fed up with this job.があります。

訳 この仕事にはもううんざり。

StepUp!

I don't want to do my homework.

　したくない気持ちを最も直接的に述べる表現がI don't want to ～（動詞の原形）.です。嫌な気持ちをもっと強く表現したかったら、I hate to ～（動詞の原形）.（～するのは嫌だ）を使います。

訳 宿題したくない。

パターン練習 ① It's a pain to ~.

傘を持ち歩くのは面倒。

毎日彼女の昼食を作るのは面倒。

毎回辞書を引くのは面倒。

部屋の掃除をするのは面倒。

雨の中の通勤は面倒。

それを細かく説明するのは面倒。

毎日血圧を測るのは面倒。

これらの本を図書館に返すのは面倒。

これらのシャツにアイロンをかけるのは面倒。

駐車場を探すのは面倒。

～するのは面倒

It's a pain to carry an umbrella.

It's a pain to make her lunch every day.

It's a pain to consult a dictionary every time.

It's a pain to clean up my room.

It's a pain to commute to work in the rain.

It's a pain to explain it in detail.

It's a pain to check my blood pressure every day.

It's a pain to return these books to the library.

It's a pain to iron these shirts.

It's a pain to find a parking lot.

ちょっと上級編　嫌なことをつぶやく

パターン練習 ② I'm sick and tired of ～.

インスタントラーメンにはもううんざり。

この雨にはもううんざり。

この蒸し暑い天気にはもううんざり。

毎日同じ仕事にはもううんざり。

この退屈な生活にはもううんざり。

彼のほら話にはもううんざり。

彼の傲慢な態度にはもううんざり。

彼の文句にはもううんざり。

彼の否定的な発言にはもううんざり。

あのむかつく奴にはもううんざり。

～にはもううんざり

I'm sick and tired of instant noodles.

I'm sick and tired of this rain.

I'm sick and tired of this muggy weather.

I'm sick and tired of the same old routine.

I'm sick and tired of this dull life.

I'm sick and tired of his tall tales.

I'm sick and tired of his haughty attitude.

I'm sick and tired of his complaints.

I'm sick and tired of his negative remarks.

I'm sick and tired of that disgusting guy.

ちょっと上級編　嫌なことをつぶやく

パターン練習 3 I don't want to ～ .

死にたくない。

一人になりたくない。

謝りたくない。

学校に行きたくない。

何も食べたくない。

外に出たくない。

誰にも会いたくない。

英語の勉強したくない。

秘密にしておきたくない。

彼女と別れたくない。

～したくない

I don't want to die.

I don't want to be alone.

I don't want to apologize.

I don't want to go to school.

I don't want to eat anything.

I don't want to go out.

I don't want to meet anyone.

I don't want to study English.

I don't want to keep it a secret.

I don't want to break up with her.

ちょっと上級編 21 実現不可能な願望をつぶやく

～ならなあ

I wish I were rich.

　wishは実現が不可能なことや実現が困難だと思われることを願望する動詞で、I wishのあとに過去形の文を伴って、「(今) ～だったらなあ」という現在の仮定・願望を表します。

　be動詞の過去形は主語に関係なくwereを使いますが、I wish I was rich.のように、現代英語では主語が単数の場合はwasを使うこともできます。

訳 お金持ちならなあ。

StepUp!
I wish I could fly to you.

I wish I could 〜 (動詞の原形).の形で、「〜できたらなあ」と、今できないことの仮定・願望を表現します。誰かにしてほしい場合は、I wish he would stop smoking.(彼がタバコをやめてくれたらなあ) のように、助動詞wouldを使います。

> 訳 あなたのところに飛んでいけたらなあ。

StepUp!
I wish I had a pet.

「〜があればいいなあ」と、欲しくても手に入らないものを表現したいときに使います。

> 訳 ペットがいたらなあ。

ちょっと上級編　実現不可能な願望をつぶやく

パターン練習 ① I wish I were a good ~.

歌がうまかったらなあ。

料理がうまかったらなあ。

ダンスがうまかったらなあ。

水泳がうまかったらなあ。

英語を話すのがうまかったらなあ。

パターン練習 ② I wish I were good at ~.

スポーツが得意だったらなあ。

スキーが得意だったらなあ。

数学が得意だったらなあ。

絵が得意だったらなあ。

算数が得意だったらなあ。

～がうまかったらなあ

I wish I were a good singer.

I wish I were a good cook.

I wish I were a good dancer.

I wish I were a good swimmer.

I wish I were a good English speaker.

～が得意だったらなあ

I wish I were good at sports.

I wish I were good at skiing.

I wish I were good at math.

I wish I were good at painting.

I wish I were good at arithmetic.

ちょっと上級編　実現不可能な願望をつぶやく

パターン練習 3　I wish I could ～.

英語が流ちょうに話せたらなあ。

外国に旅行できたらなあ。

あんな女性と結婚できたらなあ。

あんなマンションで暮らせたらなあ。

一青窈さんと知り合いになれたらなあ。

本を出版できたらなあ。

スイスに別荘を持てたらなあ。

彼のように上手にスキーができたらなあ。

彼のようにピアノが弾けたらなあ。

ずっと彼女といられたらなあ。

～できたらなあ

I wish I could speak English fluently.

I wish I could travel abroad.

I wish I could marry such a woman.

I wish I could live in such a condo.

I wish I could get to know Hitoto Yo.

I wish I could publish my book.

I wish I could own a second house in Switzerland.

I wish I could ski like him.

I wish I could play the piano like him.

I wish I could be with her all the time.

ちょっと上級編　実現不可能な願望をつぶやく

パターン練習 4 I wish I had ~.

車があったらなあ。

子どもがいたらなあ。

翼があったらなあ。

あんな可愛いネコを飼えたらなあ。

もっと時間とお金があったらなあ。

彼女のような恋人がいたらなあ。

カナダに別荘があればなあ。

絵を描く才能があったらなあ。

絶対音感があったらなあ。

お姉ちゃんがいたらなあ。

～があったらなあ

I wish I had a car.

I wish I had a kid.

I wish I had wings.

I wish I had such a cute cat.

I wish I had more time and money.

I wish I had a girlfriend like her.

I wish I had a second house in Canada.

I wish I had a talent for painting.

I wish I had a perfect pitch.

I wish I had a big sister.

ちょっと上級編 実現不可能な願望をつぶやく

ちょっと上級編

22 手段をつぶやく
どう〜したらいいかな

How can I paint the wall?

疑問詞howは直後に普通の疑問文を続ければ、「どうして」とか「どのように」と手段や方法を問う表現になります。ここでは、howのあとにcan I 〜?を続けて、「どうやって〜したらいいかな」とか「どうやったら〜できるかな」と自問自答する表現を覚えておきましょう。

訳 どう壁を塗ったらいいかな。

StepUp!
How can I get to the bank?

How can I get to 〜?は、「〜までどう行けばいいかな」と、ある場所への行き方を問う表現です。英語学習者がよくやる間違いに、How can I go to the bank?というのがありますが、これは「どうして私が銀行に行けようか（行けるわけがない）」という意味になってしまいますので注意してください。

> 訳 銀行までどう行けばいいかな。

StepUp!
How did he get to know her?

疑問詞howのあとに普通の疑問文を続ければ、「(…は)どうやって〜するのかな」と、ある状況をつぶやくことができます。もちろん動詞が過去形なら、「(…は) どうやって〜したのかな」という状況を表します。

> 訳 彼はどうやって彼女と知り合ったのかな。

パターン練習 ① How can I ~?

どう彼女に言ったらいいかな。

どうこれを食べたらいいかな。

どうこの魚を料理したらいいかな。

どう減量したらいいかな。

どう禁煙したらいいかな。

どうこのソフトをインストールしたらいいかな。

どう英語を上達させたらいいかな。

どうこの問題を解いたらいいかな。

どうこの単語を発音したらいいかな。

どうお金を貯めたらいいかな。

どう～したらいいかな

How can I say to her?

How can I eat this?

How can I cook this fish?

How can I lose weight?

How can I stop smoking?

How can I install this software?

How can I improve my English?

How can I solve this problem?

How can I pronounce this word?

How can I save money?

パターン練習 ② How can I get to ～?

デパートまでどう行けばいいかな。

動物園までどう行けばいいかな。

博物館までどう行けばいいかな。

皇居までどう行けばいいかな。

最寄りの駅までどう行けばいいかな。

空港までどう行けばいいかな。

会社までどう行けばいいかな。

野球場までどう行けばいいかな。

彼のマンションまでどう行けばいいかな。

頂上までどう行けばいいかな。

～までどう行けばいいかな

How can I get to the department store?

How can I get to the zoo?

How can I get to the museum?

How can I get to the Imperial Palace?

How can I get to the nearest station?

How can I get to the airport?

How can I get to the office?

How can I get to the ball park?

How can I get to his condo?

How can I get to the summit?

ちょっと上級編　手段をつぶやく

パターン練習 3 How did he ~?

彼はどうやってここまで来たのかな。

彼はどうやって英語を上達させたのかな。

彼はどうやって彼女にプロポーズしたのかな。

彼はどうやって彼女を説得したのかな。

彼はどうやって試験に受かったのかな。

彼はどうやって会社を設立したのかな。

彼はどうやって本を出版したのかな。

彼はどうやって CD を出したのかな。

彼はどうやってそこに行ったのかな。

彼はどうやって彼女を元気づけたのかな。

彼はどうやって〜したのかな

How did he get here?

How did he improve his English?

How did he propose marriage to her?

How did he persuade her?

How did he pass the test?

How did he establish his company?

How did he publish his book?

How did he release his CD?

How did he get there?

How did he cheer her up?

ちょっと上級編　手段をつぶやく

ちょっと上級編 23

過去の習慣や状態をつぶやく

よく〜したなあ

I would often listen to the radio.

昔を思い出して「よく〜したなあ」と言いたいときには、過去の不規則な習慣を表す「would (often) +動詞の原形」が使えます。その行為が今なされているかは特に問題にしていません。また、often を sometimes に変えれば、「時々〜したなあ」の意味になります。

訳 よくラジオを聞いたなあ。

StepUp!

I used to smoke a lot.

would oftenが過去の不規則的な習慣を表すのに対し、こちらは過去の規則的な習慣を表し、現在はしていないことを暗示します。また、習慣だけでなく、例えばI used to have long hair.（昔は髪が長かった）のように、過去の状態を表す場合にも使います。used toは「ユーストゥー」と発音します。

「いつも～していた」ならalways used to～（動詞の原形）、「よく～していた」ならoften used to～（動詞の原形）のように、頻度を表す副詞を入れてもかまいません。

> 訳 昔はタバコをたくさん吸っていた。

StepUp!

There used to be a barber shop near here.

There used to be a ～.で、「昔～があった」という意味を表し、現在は存在しないことを伝えています。There was a barber shop near here.は単に「この近くに床屋があった」ということを伝えているだけで、今あるかないかは問題にしていません。

> 訳 昔はこの近くに床屋があった。

パターン練習 ① I would often ~ .

正月にはよく凧揚げをしたなあ。

近くの池によく釣りに行ったなあ。

喫茶店でよく彼女と会ったなあ。

公園でよくキャッチボールをしたなあ。

模型飛行機をよく作ったなあ。

放課後によくテニスをしたなあ。

記念切手をよく集めたなあ。

家族でよくトランプをしたなあ。

息子とよくテレビゲームをしたなあ。

この曲をよくラジオで聴いたなあ。

よく~したなあ

I would often fly a kite on New Year's Day.

I would often go fishing in the pond nearby.

I would often meet my girlfriend at the café.

I would often play catch in the park.

I would often make model planes.

I would often play tennis after school.

I would often collect commemorative stamps.

I would often play cards with my family.

I would often play video games with my son.

I would often listen to this music on the radio.

パターン練習 ② I used to ~.

昔はきれいな女性と付き合っていた。

昔はおとなしい少年だった。

昔は髪がふさふさしていた。

昔は生活が苦しかった。

昔は厳しい先生だった。

昔は京都にマンションを借りていた。

昔は庭で野菜を栽培していた。

昔は軽井沢に別荘を持っていた。

昔は彼女にとても優しかった。

昔は若い女の子たちに人気があった。

昔は~だった

I used to go out with a beautiful woman.

I used to be a quiet boy.

I used to have a lot of hair.

I used to be badly off.

I used to be a strict teacher.

I used to rent a condo in Kyoto.

I used to grow vegetables in the garden.

I used to own a second house in Karuizawa.

I used to be very nice to her.

I used to be popular with young girls.

ちょっと上級編 過去の習慣や状態をつぶやく

パターン練習 ③ There used to be 〜.

昔は駅前に大きな公園があった。

昔は駅の近くに銀行がたくさんあった。

昔は公園に小さな池があった。

昔は屋上に遊園地があった。

昔は橋の近くにスーパーがあった。

昔は駅の向こう側に駐車場があった。

昔はこの通りに交番があった。

昔は会社の近くに飲み屋が数軒あった。

昔はこの地域に喫茶店がたくさんあった。

昔は9階に映画館があった。

昔は〜があった

There used to be a big park in front of the station.

There used to be many banks near the station.

There used to be a small pond in the park.

There used to be an amusement park on the roof.

There used to be a supermarket near the bridge.

There used to be a parking lot beyond the station.

There used to be a police box on this street.

There used to be some bars near the office.

There used to be many coffee shops in this area.

There used to be a movie theater on the ninth floor.

ちょっと上級編 過去の習慣や状態をつぶやく

ちょっと上級編 24 症状をつぶやく

～が痛い

I have a pain in my stomach.

自分の体の痛い部分をstomachの部分に入れて、いろいろつぶやく表現です。体の部位を英語で何と言うか、確認しておきましょう。

目 eye　鼻 nose　耳 ear　頭 head　肩 shoulder
腕 arm　手 hand　指 finger　親指 thumb
人差し指 index finger　中指 middle finger
薬指 ring finger　小指 little finger　肘 elbow　膝 knee
ふくらはぎ calf　太もも thigh　踵 heel
アキレス腱 Achilles' tendon

また、「激痛」は acute pain、「鈍痛」は dull pain、「刺すような痛み」は piercing pain です。

訳 胃が痛い。

StepUp!
I have a toothache.

toothache（歯痛）の部分にstomachache（腹痛）やheadache（頭痛）などの単語を入れて、「〜の症状がある」と表現するパターンです。歯痛は仮に何本かの歯が痛くてもa toothacheと単数形で表します。acheは長く続く鈍い「痛み」のことで、My head is aching.（頭が痛い）のように、動詞として使うこともできます。

> 訳 歯が痛い。

StepUp!
I feel feverish.

I feel 〜.の構文を使って、I feel sad.（悲しい）、I feel happy.（うれしい）などのように感情を表すほか、feverish（熱がある）などの「症状」を示す形容詞を入れることで体調を表現することができます。

> 訳 熱っぽい。

パターン練習 ① I have a pain in my ～ .

左の足首が痛い。

胸が痛い。

右の膝が痛い。

右の脇腹が痛い。

首が痛い。

喉が痛い。

腰が痛い。

親知らずが痛い。

足の親指が痛い。

こめかみが痛い。

～が痛い

I have a pain in my left ankle.

I have a pain in my chest.

I have a pain in my right knee.

I have a pain in my right side.

I have a pain in my neck.

I have a pain in my throat.

I have a pain in my lower back.

I have a pain in my wisdom tooth.

I have a pain in my big toe.

I have a pain in my temples.

ちょっと上級編　症状をつぶやく

パターン練習 2 　I have a ~ .

背中が痛い。

頭がずきずき痛い。

頭が割れるように痛い。

風邪だ。

高熱がある。

咳が出る。

くしゃみが出る。

鼻水が出る。

二日酔いだ。

首を寝違えた。

～の症状がある

I have a backache.

I have a throbbing headache.

I have a splitting headache.

I have a cold.

I have a high fever.

I have a cough.

I have a sneeze.

I have a runny nose.

I have a hangover.

I have a crick in my neck.

パターン練習 3　I feel ~.

胃がむかむかする。

吐き気がする。

めまいがする。

全身がかゆい。

だるい。

寒気がする。

ふらふらする。

調子がいい。

調子が良くなってきた。

気分は最高。

(体が) ～する、～だ

I feel sick to my stomach.

I feel nauseous.

I feel dizzy.

I feel itchy all over.

I feel sluggish.

I feel chilly.

I feel light-headed.

I feel fine.

I feel better.

I feel great.

ちょっと上級編 25

失望をつぶやく

～とは残念

It's a pity he didn't come.

　It's a pityのあとに主語 (S) と述語 (V) を続ければ、「SがVしたとは残念」という気持ちを表現できます。

　It'sはIt isの短縮形です。Itは「それ」という意味ではなく、that以下の文を表す形式上の主語です（ここではpityとheの間のthatが省略されています）。It's aを省略して、Pity he didn't come. としてもOKです。

　It's a pityのほかに、同じ「～とは残念」の意味を表すIt's a shame ～ . やIt's too bad ～ . も覚えておきましょう。

訳 彼が来なかったとは残念。

StepUp!

What a shame she didn't come!

It's a shame (that) she didn't come.（彼女が来なかったとは残念）を感嘆文にしたのが、このWhat a shame she didn't come!です。What a shame 〜!の代わりにWhat a pity 〜!としても意味は同じです。

> 訳 彼女が来なかったとはなんて残念。

StepUp!

I'm disappointed they got divorced.

I'm disappointedのあとに文を続けて、「〜してがっかり」の意味になります。この文は、名詞のdivorce（離婚）を使ってI'm disappointed at their divorce.としてもOKです。

> 訳 彼らが離婚してがっかり。

パターン練習 ① It's a pity ～.

彼女がすでに結婚しているとは残念。

彼女が日本を発たねばならないとは残念。

彼の会社が倒産したとは残念。

アリスがパーティーに顔を出さなかったとは残念。

コンサートが中止になったとは残念。

彼が新しい事業に失敗したとは残念。

ジャイアンツが試合に負けたとは残念。

その夫婦が離婚したとは残念。

彼女が自殺したとは残念。

その本が売れなかったとは残念。

〜とは残念

It's a pity she is already married.

It's a pity she has to leave Japan.

It's a pity his company went bankrupt.

It's a pity Alice didn't show up at the party.

It's a pity the concert was canceled.

It's a pity he failed his new business.

It's a pity the Giants lost the game.

It's a pity the couple got divorced.

It's a pity she committed suicide.

It's a pity the book didn't sell well.

ちょっと上級編　失望をつぶやく

パターン練習 ② What a shame she didn't ~!

彼女が私に本当のことを言ってくれなかったとはなんて残念。

彼女が運転免許の試験に合格できなかったとはなんて残念。

彼女が当選しなかったとはなんて残念。

彼女が指名されなかったとはなんて残念。

彼女が優勝しなかったとはなんて残念。

彼女がその記事を読まなかったとはなんて残念。

彼女が私に賛成しなかったとはなんて残念。

彼女が私に秘密を打ち明けてくれなかったとはなんて残念。

彼女が最善を尽くさなかったとはなんて残念。

彼女が私の名前を覚えていなかったとはなんて残念。

彼女が~しなかったとはなんて残念

What a shame she didn't tell me the truth!

What a shame she didn't pass the driving test!

What a shame she didn't get elected!

What a shame she didn't get nominated!

What a shame she didn't win first place!

What a shame she didn't read that article!

What a shame she didn't agree with me!

What a shame she didn't confide in me!

What a shame she didn't try her best!

What a shame she didn't remember my name!

ちょっと上級編　失望をつぶやく

パターン練習 ③ I'm disappointed ～.

彼が私を信じてくれなくてがっかり。

売り切れてがっかり。

私たちのチームが負けてがっかり。

彼女にチョコレートをもらえなくてがっかり。

彼らが私に嘘をついてがっかり。

夏休みが終わってがっかり。

彼女がパーティーに来なくてがっかり。

コンピュータが壊れてがっかり。

試合が中止になってがっかり。

傘を電車に置き忘れてがっかり。

～してがっかり

I'm disappointed he didn't trust me.

I'm disappointed it was sold out.

I'm disappointed our team was beaten.

I'm disappointed she didn't give me chocolate.

I'm disappointed they lied to me.

I'm disappointed the summer vacation is over.

I'm disappointed she didn't come to the party.

I'm disappointed the computer broke down.

I'm disappointed the game has been canceled.

I'm disappointed I left my umbrella on the train.

ちょっと上級編　失望をつぶやく

ちょっと上級編 26 不安をつぶやく
〜してしまいそう

I'm afraid I'll miss the train.

I'm afraid of snakes. は「ヘビが怖い」ですが、I'm afraid I'll 〜 (動詞の原形). は「〜するのが怖い」が原義で、できればそうなってほしくないが、おそらくその方向へ進むのではないかと心配する表現です。

I'll は I will の短縮形です。I'll は、I'll clean the room. (部屋の掃除をしよっと) のように、その場での意思を表す場合と、I'll be 20 years old tomorrow. (明日で20歳になる) のように、単に未来の意味で「〜になる」とか「〜だろう」を表す場合があります。

訳 電車に遅れてしまいそう。

I'm afraid I've eaten too much.

　I've は I have の短縮形です。ここの「have ＋過去分詞」は現在完了形の結果を表す用法で、「〜しちゃった」の意味です。I ate too much. と I've eaten too much. の違いは、前者は単に「食べ過ぎた」と過去の事実を伝えるだけの一方、後者は食べ過ぎた結果、今お腹がいっぱいでこれ以上食べられないとか、太ってしまったなどの意味が含まれるという点にあります。

　I'm afraid I've 〜（過去分詞）. は、できればそういう状態になっていてほしくないが、たぶんそうなっているのではないか、と心配する表現です。

> **訳** 食べ過ぎちゃったかな。

ちょっと上級編　不安をつぶやく

パターン練習 ① I'm afraid I'll ～ .

会議に遅刻してしまいそう。

今日は忙しくなってしまいそう。

飛行機に乗り遅れてしまいそう。

クビになってしまいそう。

先生にしかられてしまいそう。

10分くらい遅れてしまいそう。

試合に負けてしまいそう。

試験に落ちてしまいそう。

車酔いしてしまいそう。

残りの人生はひとりぼっちになりそう。

～してしまいそう

I'm afraid I'll be late for the meeting.

I'm afraid I'll be busy today.

I'm afraid I'll miss the flight.

I'm afraid I'll be fired.

I'm afraid I'll be scolded by the teacher.

I'm afraid I'll be about 10 minutes late.

I'm afraid I'll lose the game.

I'm afraid I'll fail the exam.

I'm afraid I'll get carsick.

I'm afraid I'll be alone for the rest of my life.

ちょっと上級編　不安をつぶやく

パターン練習 ② I'm afraid I've ~ .

間違えちゃったかな。

彼女の気持ちを傷つけちゃったかな。

砂糖を切らしちゃったかな。

風邪を引いちゃったかな。

飲み過ぎちゃったかな。

ケータイをダメにしちゃったかな。

迷子になっちゃったかな。

太っちゃったかな。

ケータイを家に忘れちゃったかな。

彼女を怒らせちゃったかな。

～しちゃったかな

I'm afraid I've made a mistake.

I'm afraid I've hurt her feelings.

I'm afraid I've run short of sugar.

I'm afraid I've caught a cold.

I'm afraid I've drunk too much.

I'm afraid I've ruined my cell phone.

I'm afraid I've lost my way.

I'm afraid I've gained weight.

I'm afraid I've left my cell phone at home.

I'm afraid I've offended her.

ちょっと上級編

27 感情の原因をつぶやく
～とは悲しい

> **I'm so sad** she's leaving.

　I'm so ～（形容詞）. は20ページで紹介しましたが、この直後にその感情の原因を表す文を続けることができます。「I'm so sad + S（主語）V（動詞）」の形で、「SがVするとは悲しい」となります。

　また、I'm so sad to hear that.（それを聞いて悲しい）のように、to +動詞の原形（to 不定詞）を続けることもできます。

　その他の感情表現についてもここで見ておきましょう。

I'm surprised ～　～とはびっくり
I'm relieved ～　～でほっとした
I'm worried ～　～が心配
I'm sorry ～　～が残念

訳 彼女が行ってしまうとは悲しい。

StepUp!

I'm happy to be back home.

「うれしい」や「よかった」を表す最も一般的な形容詞がhappyです。I'm happyのあとにto＋動詞の原形を続けて、うれしいこと、よかったことを表現します。「（誰かほかの人が）〜してよかった」は、I'm happy he came back.（彼が戻ってきてよかった）とします。

> 訳 家に帰れてよかった。

StepUp!

I'm glad he found a job.

「彼が〜してうれしい」という表現です。gladは実現したことに対してホッとした感情が含まれ、happyよりもうれしさの気持ちが強く表されています。I'm gladのあとにSVを続けていますが、I'm glad to hear from him.（彼から連絡があってうれしい）と言うこともできます。

> 訳 彼が仕事を見つけてうれしい。

ちょっと上級編　感情の原因をつぶやく

パターン練習 ① I'm so sad ～.

彼女が行ってしまったとは悲しい。

彼女がこんなに早く行ってしまうとは悲しい。

彼女が私の誕生日を忘れていたとは悲しい。

彼女が来ないとは悲しい。

彼女が気に入ってくれないとは悲しい。

休暇が終わってしまったとは悲しい。

彼女が仕事を辞めたとは悲しい。

彼が自殺をしたとは悲しい。

それが自殺であったとは悲しい。

彼の母親が亡くなったとは悲しい。

～とは悲しい

I'm so sad she's gone.

I'm so sad she's leaving so soon.

I'm so sad she forgot my birthday.

I'm so sad she's not coming.

I'm so sad she doesn't like it.

I'm so sad the holidays are over.

I'm so sad she quit her job.

I'm so sad he took his life.

I'm so sad it was a suicide.

I'm so sad his mother passed away.

ちょっと上級編　感情の原因をつぶやく

パターン練習 ② I'm happy to be ~ .

役に立ててよかった。

ロンドンに戻れてよかった。

チームのキャプテンに選ばれてよかった。

妊娠してよかった。

生きていてよかった。

日本に生まれてよかった。

ジェーンと仲良くなれてよかった。

このチームの一員になれてよかった。

仕事に戻れてよかった。

とうとう彼女に会えてよかった。

～してよかった

I'm happy to be of service.

I'm happy to be back in London.

I'm happy to be chosen captain of the team.

I'm happy to be pregnant.

I'm happy to be alive.

I'm happy to be born in Japan.

I'm happy to be friends with Jane.

I'm happy to be a member of this team.

I'm happy to be back to work.

I'm happy to be able to meet her at last.

パターン練習 3　I'm glad he ～ .

彼が私の誕生日会に来てくれてうれしい。

彼が夢をあきらめなくてうれしい。

彼が私の誕生日を覚えていてうれしい。

彼がケガから回復してうれしい。

彼がそこで本当に楽しいときを過ごせてうれしい。

彼が優勝してうれしい。

彼が新しい人を見つけてうれしい。

彼がメアリーとうまくやっていてうれしい。

彼が慶応大学に入ってうれしい。

彼が日本での生活を楽しんでいてうれしい。

彼が~してうれしい

I'm glad he came to my birthday party.

I'm glad he didn't give up his dream.

I'm glad he remembered my birthday.

I'm glad he's recovered from his injury.

I'm glad he had a really good time there.

I'm glad he won the first prize.

I'm glad he found somebody new.

I'm glad he's getting along with Mary.

I'm glad he got into Keio University.

I'm glad he's enjoying life in Japan.

ちょっと上級編 感情の原因をつぶやく

ちょっと上級編 28 後悔をつぶやく

～しておけばなあ

I wish I had studied hard.

　I wishのあとに過去完了（had＋過去分詞）を続けて、過去にしてしまったこと、しなかったことと反対の事実の仮定・願望を表します（現在と反対の事実の仮定・願望表現は、I wishの後に過去形が来ます→174ページ参照）。

　単なる事実として述べれば、It's a pity (that) I didn't study hard.（一生懸命勉強しなかったのが残念）の文で、ほぼ同じ内容を伝えることができます（206ページ参照）。

訳 一生懸命勉強しておけばなあ。

StepUp!
I should have reserved a table.

過去のことを振り返って、「あのとき〜していたらなあ」とか「〜しておけばよかったなあ」と反省や後悔をつぶやく表現が、I should have 〜 (過去分詞). です。

> 訳 席の予約をしておけばよかった。

StepUp!
I shouldn't have drunk so much.

してしまったことに対して、「あのとき〜するんじゃなかった」と反省や後悔をつぶやく表現が、I shouldn't have 〜 (過去分詞). です。shouldn't は should not の短縮形です。

> 訳 あんなに飲まなければよかった。

ちょっと上級編　後悔をつぶやく

パターン練習 ① I wish I had 〜．

彼に本当のことを言っておけばなあ。

入院中の彼を見舞っておけばなあ。

彼にもっと早く返事をしておけばなあ。

それを秘密にしておけばなあ。

コンサートのチケットを買っておけばなあ。

ほかの男性と結婚しておけばなあ。

もっとお金を貯めておけばなあ。

大学時代に留学しておけばなあ。

大学院に行っておけばなあ。

彼女の忠告に従っておけばなあ。

～しておけばなあ

I wish I had told him the truth.

I wish I had visited him in the hospital.

I wish I had replied to him sooner.

I wish I had kept it a secret.

I wish I had bought the concert ticket.

I wish I had married another man.

I wish I had saved much more money.

I wish I had studied abroad in college.

I wish I had moved on to graduate school.

I wish I had followed her advice.

ちょっと上級編 後悔をつぶやく

パターン練習 ② I should have ～.

まずは上司に聞いておけばよかった。

彼女に謝っておけばよかった。

もっと分別を持って行動しておけばよかった。

子どもの教育のためにもっと貯蓄しておけばよかった。

若い頃もっと勉強しておけばよかった。

目覚ましをかけておけばよかった。

若い頃もっと友だちを作っておけばよかった。

もっと注意深くしておけばよかった。

若い頃もっと本を読んでおけばよかった。

高校を卒業しておけばよかった。

～しておけばよかった

I should have asked my boss first.

I should have apologized to her.

I should have known better.

I should have saved more for my kid's education.

I should have studied harder when young.

I should have set the alarm clock.

I should have made more friends when young.

I should have been more careful.

I should have read more books when young.

I should have graduated from high school.

パターン練習 3 I shouldn't have 〜 .

あんなことしなければよかった。

彼女にあんなことを言わなければよかった。

彼女に秘密を話さなければよかった。

あんなに遅くまで夜更かししなければよかった。

授業料の前払いをしなければよかった。

彼女に嘘をつかなければよかった。

あんなに簡単にあきらめなければよかった。

パチンコで無駄遣いしなければよかった。

契約書に署名しなければよかった。

間違いを認めなければよかった。

～しなければよかった

I shouldn't have done that.

I shouldn't have said such a thing to her.

I shouldn't have told her the secret.

I shouldn't have stayed up so late.

I shouldn't have paid my school fees in advance.

I shouldn't have told her a lie.

I shouldn't have given up so easily.

I shouldn't have wasted my money on pachinko.

I shouldn't have signed the contract.

I shouldn't have admitted my mistake.

ちょっと上級編　後悔をつぶやく

ちょっと上級編 29

行動を促す言葉をつぶやく

もう〜する時間だ

It's time to go to school.

It's time to 〜（動詞の原形）.で、「〜する時間だ」と行動を促す表現になります。It's time for lunch.（昼食の時間だ）というようにも使えます。

It'sとtimeの間に、aboutやalmostを入れれば「そろそろ〜する時間だ」に、highを入れれば「もうとっくに〜しなきゃいけない時間だ」の意味になります。また、It's time I went to school.（もう学校に行く時間だ）のように、It's timeのあとを過去形の文でつなぐこともできます。

訳 もう学校に行く時間だ。

StepUp!

I'd better go alone.

　I'dはI hadの短縮形です。had better（〜したほうがいい）でひとつの助動詞なので、直後には動詞の原形が続きます。否定の「〜しないほうがいい」は、had better not＋動詞の原形を使います。上の文を否定文にすると、I'd better not go alone.（一人で行かないほうがいいな）となります。

訳 **一人で行くほうがいいな。**

ちょっと上級編　行動を促す言葉をつぶやく

パターン練習 ① It's time to 〜.

もう寝る時間だ。

もう起きる時間だ。

もうさよならする時間だ。

もう終わりの時間だ。

もうお開きの時間だ。

もう休憩を取る時間だ。

もう家に帰る時間だ。

もう夕食の準備の時間だ。

もう出発する時間だ。

もう子どもたちを迎えにいく時間だ。

もう~する時間だ

It's time to go to bed.

It's time to get up.

It's time to say good-bye.

It's time to call it a day.

It's time to call it a night.

It's time to take a break.

It's time to go home.

It's time to prepare dinner.

It's time to start.

It's time to pick up my kids.

パターン練習 ② I'd better ～ .

今日は学校を休んだほうがいいな。

明日は休暇を取ったほうがいいな。

彼女に謝ったほうがいいな。

パーティーにはネクタイをしていくほうがいいな。

それは秘密にしておいたほうがいいな。

パターン練習 ③ I'd better not ～ .

誰にも言わないほうがいいな。

今日は外出しないほうがいいな。

夜の一人歩きはしないほうがいいな。

本当のことを言わないほうがいいな。

衝動買いをしないほうがいいな。

～したほうがいいな

I'd better stay away from school today.

I'd better take a day off tomorrow.

I'd better apologize to her.

I'd better wear a tie to the party.

I'd better keep it a secret.

～しないほうがいいな

I'd better not tell anybody.

I'd better not go out today.

I'd better not walk alone at night.

I'd better not tell the truth.

I'd better not do impulse buying.

ちょっと上級編 30 強調表現でつぶやく

一体～だろう

What on earth is she doing?

when、where、who、what、which、why、howなどの疑問詞を使った疑問文では、疑問詞の直後に on earth、in the world、the hell などの語句を続けることで強調表現にすることができます。いずれも「一体（いつ、どこで、誰が、何を、どっちが、なぜ、どうして）〜なの？」というニュアンスになります。

訳 一体彼女は何をしているのだろう。

Step Up!

Whatever is he driving at**?**

whatever（一体何が）など、語尾にeverの付いた疑問詞は、本来の意味が強調されます。この形を取る疑問詞は、whateverのほかに、whenever（一体いつ）、wherever（一体どこへ）、whoever（一体誰が）、whichever（一体どれが）、however（一体どうして）があります。

> 訳 一体何が彼の狙いなのだろう。

Step Up!

I've never seen **such a** pretty animal**.**

見聞きしたものが今までで一番であることを感情を込めてつぶやく表現が、I've never ～（過去分詞）such a ....（そんな…一度も～したことない）です。I'veはI haveの短縮形です。

> 訳 そんな可愛い動物を見たことがない。

パターン練習 ① 疑問詞＋on earth ～?

一体彼女は何が言いたいのだろう。

一体彼は何を探しているのだろう。

一体彼らはどこへ行くのだろう。

一体私たちはどこへ向かっているのだろう。

一体どっちが偽物だろう。

一体彼女はなぜここにいるのだろう。

一体彼はなぜそんなことをしているのだろう。

一体彼女はいつ私と結婚してくれるのだろう。

一体彼女はどのように彼と知り合ったのだろう。

一体彼はどうやってやりくりするのだろう。

一体〜だろう

What on earth does she mean?

What on earth is he looking for?

Where on earth are they going?

Where on earth are we heading?

Which on earth is the fake?

Why on earth is she here?

Why on earth is he doing that?

When on earth is she going to marry me?

How on earth did she get to know him?

How on earth does he make ends meet?

ちょっと上級編 強調表現でつぶやく

パターン練習 ② Whatever（など）～？

一体彼らはここで何をしているのだろう。

一体あの男は誰だろう。

一体夫はどこにいるのだろう。

一体私たちはどこに向かっているのだろう。

一体どちらを選んだらいいのだろう。

一体彼はいつ戻ってくるのだろう。

一体彼はどうやってそんなに早くここに来たのだろう。

一体彼は誰を待っているのだろう。

一体彼は何を言いたいのだろう。

一体彼女は誰と話しているのだろう。

一体〜だろう

Whatever are they doing here?

Whoever is that man?

Wherever is my husband?

Wherever are we heading?

Whichever should I choose?

Whenever will he come back?

However did he get here so soon?

Whoever is he waiting for?

Whatever does he mean?

Whoever is she talking to?

ちょっと上級編　強調表現でつぶやく

パターン練習 ③ I've never ～ such a(n) ... .

そんな背の高い男性に会ったことがない。

そんなハラハラドキドキの映画を観たことがない。

そんな感動的な本を読んだことがない。

そんな大きな伊勢エビを食べたことがない。

そんな美味しいケーキを食べたことがない。

そんな奇妙な話を聞いたことがない。

そんな美しいメロディーを聴いたことがない。

そんな下品なショーを観たことがない。

そんなスリリングなジェットコースターに乗ったことがない。

そんな暑い夏を経験したことがない。

そんな…〜したことがない

I've never met such a tall man.

I've never seen such an exciting movie.

I've never read such a moving book.

I've never eaten such a big lobster.

I've never eaten such a delicious cake.

I've never heard such a strange story.

I've never heard such a beautiful melody.

I've never watched such a vulgar show.

I've never ridden such a thrilling roller coaster.

I've never experienced such a hot summer.

ちょっと上級編 31 ダメ出しをつぶやく

～しろよ

> **Ride** your bike on the left.

　動詞の原形で始まる文は命令文です。「命令文」と言うと威圧的な感じを与えますが、優しくソフトな感じで言えばそれほど命令口調にはなりません。しかし、町や電車の中でマナーを守らない人たちに対しては、心の中で思い切り命令口調でつぶやいてみましょう。

> **訳** 自転車は左側を走れよ。

Don't leave the door open.

命令文の否定形、つまり「〜するなよ」は、「Don't＋動詞の原形．」で表します。命令文でも、文頭か文尾にpleaseをつければ、多少丁寧な表現になります。

pleaseを文尾に付ける場合は、pleaseの前にコンマを入れてください。

Don't leave the door open, please. (ドアを開けたままにしないで)

訳 ドアを開けたままにするなよ。

ちょっと上級編　ダメ出しをつぶやく

パターン練習 ① ～(動詞の原形).

歩道を歩けよ。

歩道橋を渡れよ。

信号が青になるまで待てよ。

横断歩道を渡れよ。

踏切では一時停止しろよ。

ぬれた傘を近づけるなよ。

くしゃみをするときは口に手を当てろよ。

ウォークマンの音を下げろよ。

お年寄りに席を譲れよ。

エスカレーターでは左に立てよ。

～しろよ

Keep to the sidewalk.

Cross over the pedestrian overpass.

Wait for the light to turn green.

Cross the street at the crosswalk.

Stop at the railroad crossing.

Keep your wet umbrella away from me.

Cover your mouth when you sneeze.

Turn down your Walkman.

Give up your seat to elderly people.

Stand on your left when you get on the escalator.

ちょっと上級編　ダメ出しをつぶやく

パターン練習 ② Don't ~.

新聞をそんなに広げるなよ。

脚を広げるなよ。

列に割り込むなよ。

ケータイでおしゃべりするなよ。

脚を組んで座るなよ。

駆け込み乗車をするなよ。

大きな声でしゃべるなよ。

つり革にぶら下がるなよ。

靴を踏むなよ。

香水を付けすぎるなよ。

～するなよ

Don't open your newspaper up so wide.

Don't spread your legs.

Don't break into the line.

Don't talk on the cell phone.

Don't sit with your legs crossed.

Don't dash into the train.

Don't talk in a loud voice.

Don't hang on the straps.

Don't step on my shoe.

Don't wear so much perfume.

ちょっと上級編 ダメ出しをつぶやく

成美文庫

毎日つぶやく 英会話「1秒」レッスン

著 者 清水建二(しみずけんじ)
発行者 風早健史
発行所 成美堂出版
　　　〒162-8445　東京都新宿区新小川町1-7
　　　電話(03)5206-8151　FAX(03)5206-8159
印　刷 広研印刷株式会社

©Shimizu Kenji 2011　PRINTED IN JAPAN
ISBN978-4-415-40170-6
落丁・乱丁などの不良本はお取り替えします
定価はカバーに表示してあります

- 本書および本書の付属物は、著作権法上の保護を受けています。
- 本書の一部あるいは全部を、無断で複写、複製、転載することは禁じられております。